"El joven se cree llamado a transformar el mundo, pero la imposibilidad de una acción inmediata de su ideal, le hace caer en un estado de hipocondría"

Hegel

"A TODOS, en algún momento, se nos ha revelado nuestra existencia como algo particular, intransferible y precioso. Casi siempre esta revelación se sitúa en la adolescencia. El descubrimiento de nosotros mismos se manifiesta como un sabernos solos; entre el mundo y nosotros se abre una impalpable, transparente muralla: la de nuestra conciencia. Es cierto que apenas nacemos nos sentimos solos; pero niños y adultos pueden trascender su soledad y olvidarse de sí mismos a través de juego o trabajo. En cambio, el adolescente, vacilante entre la infancia y la juventud, queda suspenso un instante ante la infinita riqueza del mundo. El adolescente se asombra de ser. Y al pasmo sucede la reflexión: inclinado sobre el río de su conciencia se pregunta si ese rostro que aflora lentamente del fondo, deformado por el agua, es el suyo. La singularidad de ser — pura sensación en el niño— se transforma en problema y pregunta, en conciencia interrogante."

Octavio Paz

¡CÓMO EDUCAR A TU HIJO ADOLESCENTE!

Reflexiones en torno a la rebeldía en el adolescente

José Macario López Balderas

Derechos Reservados © José Macario López Balderas. 2014.
Calle 4 Núm. 266 Dpto. 405 Col. Agrícola Pantitlán, Delegación
Iztacalco, Ciudad de México. C.P. 08100. Esta obra es propiedad
del autor, queda prohibida toda reproducción total o parcial
sin consentimiento por escrito del autor. Este material esta
publicado en tienda Kindle, en su versión digital y pasta
blanda a través de www.amazon.com.mx. Para efecto de comunicación con el autor, escribir a jmlbalderas@icloud.com

1ra. Edición. 2014

2da. Edición. 2019

CONTENIDO

Página del título
Derechos de autor
Dedicatoria 1
Introducción 5
¿Qué está pasando con mi hijo? ¡No lo entiendo! … 9
Un acercamiento hacía la conducta del adolescente en la Escuela 15
La conducta del adolescente en las últimas décadas 23
la cultura mexicana y las formas del pensamiento en el adolescente 29
La cultura en la filosofía del porvenir y el pensamiento adolescente 35
Cultura y globalización económica en el comportamiento adolescente 39
La estructura lógica de pensamiento en el adolescente 47

Poder, libertad y lenguaje en el pensamiento 51
del adolescente

Teoría del equilibrio humano en la conducta 55
del adolescente

Posibles causas y orígenes de la conducta 59
antisocial del adolescente

La violencia en la familia y el impacto 67
psicológico –emocional en el adolescente

La soledad en familia, Un adolescente en 71
medio de su crisis de identidad

El silencio de la soledad en el adolescente 75

El llamado problema de la ingobernabilidad 79
social y familiar del adolescente

Educación y redimensionamiento moral en el 83
adolescente

El lenguaje en la adolescencia y su 87
transformación en el redimensionamiento moral

Nociones sobre el ejercicio del poder en el 91
adolescente

Nociones sobre la capacidad de autogestión en 97
el adolescente

Nociones sobre el ejercicio del pensar en el 101
adolescente

Nociones sobre el origen multifactorial de la 105
personalidad del adolescente

Nociones sobre el origen de la pesadumbre 109
existencial en el adolescente

Nociones sobre el origen del cinismo, 111
mentira y comunicación y su impacto en el
adolescente

Consideraciones finales y la importancia de 113
la Educación en la Adolescencia

Bibliografía   117

Acerca del autor   125

DEDICATORIA

Dedico este libro a todos y cada uno de mis alumnos adolescentes, porque gracias a ellos, he aprendido a mirar, pensar y sentir la vida desde su propia perspectiva.

A mi esposa, la Dra. En CEM. Magally Martínez Reyes por su ejemplo y tenacidad, por el apoyo moral que me ha demostrado y por las diversas disertaciones que a lo largo de estos años hemos tenido y que me han incentivado en la reflexión y la elaboración de este escrito.

A mis hijos, Gil Adair y Liam Amaru, por qué creó que no existirá mayor riqueza como herencia, que las palabras escritas en estas hojas y que expresan las diversas formas en que mi pensamiento concibe las relaciones entre padre e hijo y que no hay mayor sabiduría al ser padre que la que te enseña el mismo proceso de serlo.

"La dignidad es lo que más eleva al hombre, lo que confiere mayor nobleza a sus actos y a todas sus aspiraciones, lo que le permite mantenerse intacto, admirado por la multitud y elevarse, al mismo tiempo, por encima de ella. Y sólo puede conferir dignidad aquella profesión en la que el hombre no se convierte en un instrumento servil, sino que puede elegir por sí mismo el círculo en que se mueve; solamente aquella profesión que no impone ninguna clase de hechos reprobables ni siquiera el vislumbre de ellas puede ser abrazada con noble orgullo por los mejores. Y las que más garantizan esto no son siempre las más altas, pero sí las más dignas de ser elegidas"

Carlos Marx

INTRODUCCIÓN

Como padres hemos pasado esas sensaciones que nos hacen sentirnos impotentes frente a las actitudes de nuestros hijos y muchas veces no sabemos como comunicarnos con ellos, estas conductas típicamente se asocian con la etapa de la adolescencia y la pubertad, como si los cambios biológicos fueran la respuesta a esos comportamientos sociales. De ahí la necesidad de acotar que la adolescencia es una etapa sociológica donde las relaciones de poder se intensifican en función de las necesidades intrínsecas de la conformación de la identidad del adolescente. De ahí, que toda relación humana es por antonomasia una relación de poder y los resquicios psicológicos que se derivan de la misma son consecuencia del rol social en los que se encuentran inmersos. La marcada tendencia ideológica de la cultura predominante ha establecido graves interpretaciones en torno a las formas en que se ha manifestado la conducta del adolescente, en ese espacio sociopolítico llamado familia, y se ha interpretado su conducta desafiante como una disfuncionalidad sociocultural e inclusive como una patología psicológica, cuando en realidad es una manifestación del ejercicio del poder. La rebeldía en el adolescente es un fenómeno social que sigue sin entenderse y no existe claridad respecto a su situación sociopolítica, el joven adolescente vive de manera intencional conforme a las expectativas de su estructura lógica de pensamiento y esta deviene de las contradicciones coexistenciales que existen de origen en la familia de la cual emerge. Es decir, muchas de las manifestaciones conductuales de los adolescentes son reflejo de las contradicciones políticas que se manifiestan en la sociedad y en la familia. La administración del poder en ese sentido ha sido mal administrada desde el seno familiar y en más de una ocasión se ha generado incertidumbre por la forma en que un adolescente se ha manifestado de manera abierta contra las formas omnipresentes que caracterizan y tipifican al poder imperante. De tal forma que un adolescente tiene resquicios psicológicos y socioemocionales basados en las contradicciones familiares y sociales. De ahí que el estudio que se pretende presentar es con la finalidad de demostrar que la administración en los recursos del ejercicio del poder y las formas en que se deben considerar pueden considerablemente transformar el pensamiento y la acción inmediata de los adolescentes en sus diferentes manifestaciones socioculturales, que muchos de estas transformaciones en el pensamiento del adolescente son realmente posibles cuando existe un proceso de conocimiento del origen de su estructura lógica de pensamiento. De ahí la importancia de analizar, a través de este ensayo, las formas en que se manifiesta estas relaciones de poder entre cada uno de los integrantes de la familia, pero especialmente en los adolescentes.

¿QUÉ ESTÁ PASANDO CON MI HIJO? ¡NO LO ENTIENDO!...

Estas palabras son muy comunes, algunos padres de familia con los que he conversado se han expresado así:

"— Últimamente, mi hijo se ha mostrado muy rebelde, altanero, indisciplinado, irrespetuoso, desobediente, agresivo, se pelea con el primero que encuentra a su lado... — Le va mal en la escuela, ya no quiere estudiar, dice que: ¡para qué!... — Es muy inquieto, taciturno, se la pasa escuchando música todo el tiempo, siempre con el estruendo o en el silencio de sus auriculares... — Suele encerrarse en su cuarto, no hace otra cosa más que jugar vídeo juegos, ¡me exaspera!... —Se la pasa en la calle, ni siquiera sé dónde está, quizá adquiriendo vicios, fumando, tomando... — Se la pasa viendo televisión o siempre esta con el teléfono celular, incluso cuando hace tarea o cuando supuestamente está platicando contigo, inclusive se lo lleva hasta para ir al baño… — Se la pasa en las redes sociales, enviando mensajes… —No ayuda con los quehaceres domésticos de la casa, ni siquiera con su ropa o su cama y últimamente grita mucho, manotea, hace mohines, gesticulaciones; luego, hasta me da miedo, amenaza con irse de la casa, no puedes hacerle alguna observación, porque se siente ofendido y herido en sus sentimientos, afirmando que es su vida y que no lo entiendes… Te dice que ya está grande y que es dueño de su vida, incluso afirma que quiere vivir solo y de manera independiente".

Hoy, en pleno siglo XXI nos dice que la educación ¡está en crisis!, sobre todo porque es común escuchar a las personas quejarse y lamentarse de la misma, siempre haciendo alusión a la "pérdida de valores", manifestando que los valores no son como antes, reiterando con nostalgia los viejos tiempos del ayer. ¿Realmente se perdieron los valores?, ¿no habrán cambiado los tiempos y los valores con ello?, ¿qué es un valor moral y cual es la diferencia con un principio ético? No estaremos confundiendo estos conceptos, moral y ética. Sin embargo, cuántas veces nos hemos preguntado: ¿que estamos haciendo mal?, ¿en que nos equivocamos?, ¿por qué mi hijo es así? Algunos padres de familia que han referido esas emociones con sus hijos y me han expuesto lo siguiente, palabras más, palabras menos:

"—Dolores y dolores de cabeza, no hay día que

no me haga repelar o maldecir. Es mi hijo, lo sé, pero de verdad que hay veces que no soporto su irreverencia, su actitud hostil y desafiante, siempre intolerante, desordenado, mal educado. Me saca de mis casillas y hay ocasiones, que, de verdad, me dan ganas de abofetearlo... ¡Bueno!... Una vez lo hice, estaba en los límites de la desesperación, lo agarre con fuerza, lo zarandee, le grite y le dije que quién manda en esta casa era yo, me miro desafiante y con una risita burlona en sus labios, me dio tanto coraje que lo golpee con furia, se me quedó mirando fijamente, con los ojos vidriosos, llenos de rencor; no me dijo nada, se volteó y se fue sin más, le grite: ¿A dónde vas? ¡Aún no hemos terminado! Me ignoro... Me quedé trabada de coraje y a su vez angustiada, me sentía mal, no podía creerlo y empecé a sollozar... Hoy todavía es peor, no me hace caso, hace lo que quiere, no le importa nada..."

"— Fíjese maestro, que desde chiquita me ha mostrado mucha inquietud, he tenido muchos problemas con ella, siempre por los muchachos que la buscan... Y pues ella, se da a querer; no sé si la ha visto, pero la han visto besuqueando con cualquiera o la traen abrazada, no entiendo cuál es la necesidad. ¿Tiene que dejarse besuquear por cualquiera? Esta chiquita, tiene 12 años, vive la vida muy rápido. Cuando sale de la casa va bien y aquí, me dicen que tiene la falda hasta arriba, las uñas y los labios pintados... No sé por qué lo hace… En la casa con sus hermanos se pelea mucho, discuten a cada rato, no la bajan de prostituta y la agreden constantemente… ¡No sé qué hacer!…"

"— ¡Uh! Maestro… ¿Si le contara? Casi siempre es grosero, no me hace caso, se sale de la casa y llega hasta las 12:00 o 01:00 de la madrugada, llega con olor a cigarro y me dice que no fuma. Eso sí, no toma. Yo ya le dije que aquí, cero. No va a hacer lo que él quiera y si va a ser así; entonces, ¡patitas para la calle!… ¡Quiere andar en la calle! Pues órale… ¡a ganarse el pan de cada día! ¿Piensa que soy su mensa? ¡No! Ya lo sabe, conmigo no va a andar con tonterías. ¿Que si ha cambiado?… ¡La verdad no! Para que le miento… Luego, me da harta risa, me pone su carita de regañado y pues me gana el corazón y me hace reír. Es muy risueño… Bueno, sí… ¿Va a reprobar?… ¿No me diga? Ya le he dicho que debe estudiar que pa´ qué quiero otro burro, si ya con su hermano y hermana tengo. Hay maestro, de veras que hay veces que no sé qué hacer..."

"— …Pues yo, ya la tengo sentenciada. Ya se lo dije, otro problema de esos y la meto a un internado. Ya van tres escuelas y no entiende, donde quiera se anda peleando, siempre metiéndose en problemas… ¡Sí!… —¡Y no me mires como si estuviera de mentirosa!, …—Como le iba diciendo… En la casa no hace nada, por todo me protesta, es altanera, engreída y violenta. Figúrese, la vez pasada la estaba regañando porque todo el cuarto estaba lleno de porquerías, dondequiera había cosas tiradas, es más, hasta sus calzones tirados... —¡Claro! ¿No querías que te ventilara verdad mamacita?... —Y me empezó a gritar, al grado de querer pegarme... —¡Claro! Me levantaste la mano... ¡¿Que no es cierto?! ¿No será? ...- Agarró y que sale corriendo, empujándome sobre la cama y que azota la puerta... ¿Que si he visto algún psicólogo? No, ¡para qué! Yo digo que la culpa la tiene su padre, todo le consiente y nunca le llama la atención. Yo ya le dije, que en la escuela no me hablen para quejarse de ella, porque no pienso ir..."

"— ... Pues le vengo a preguntar si va a reprobar o no. Si va a reprobar que caso tiene seguirlo mandando, mejor que se vaya con su papá al trabajo que bien le hace falta hacer algo... ¡Sí! Todo el tiempo tiene para estudiar, casi no lo molestamos. Hasta hace apenas unos días decidí ponerlo a lavar su ropa, porque ni eso hacía; ¡ya está bien! Le dije, ya basta de haraganerías... Pues mire, siempre ha sido así, desde la primaria, nunca quiso aprender a escribir bien, la maestra decía que había que tenerle paciencia, pero yo creo que ya es mucha. ¿No? Sí, tampoco es bueno en la lectura... ¿No hace tareas?... Bueno, siempre le ha costado trabajo hacerla... Sí, hasta eso, hay veces que trata de ayudar y lo hace, pero de la escuela no quiere hacer nada... Bueno, la pregunta que le hacía era esa. ¿Va a reprobar o no? Si no, mejor me lo llevo a otra escuela..."

"—... ¿Qué hago?, al rato lo voy a ver colgado en algún árbol..., no le miento, me dijo: — "¡me voy a matar!". De momento, solo le dije: — ¡estas loco!, deja de decir bobadas. Pero la verdad si me espante. ¡Y si lo hace! Yo así no le juego, capaz que un día llego y no lo encuentro. Me preocupa, yo me voy todo el día al trabajo... Mejor le prevengo, dígame donde lo tengo que llevar y lo llevo..."

La lista es interminable, infinidad de malentendidos, de comunicación y de relaciones humanas desgastadas, es el capital de estas situaciones que a más de las veces son eminentemente agotadoras y en más de una ocasión nos han causado conflictos emocionales y dudas acerca de cómo darles solución a problemas de esta índole.

UN ACERCAMIENTO HACÍA LA CONDUCTA DEL ADOLESCENTE EN LA ESCUELA

Durante más de veinte años de experiencia docente en Educación Media Básica, he observado, estudiado y trabajado con jóvenes, cuyas edades oscilan entre los once y dieciocho años, en diferentes contextos, momentos y circunstancias biopsicosociales. Por lo que es menester reconsiderar que con cada uno de ellos he compartido diversas experiencias, aprendizajes y conocimientos, y en cada emoción expuesta se advirtieron señales de nostalgia, frustración, resentimiento, odio o coraje; felicidad, euforia, egoísmo, vacuidad, amor, entre otros sentimientos adversos. Son recuerdos que los he asociado a cada uno de ellos, como si los estuviera percibiendo de nuevo, a través de sus gestos, sus mohines, sus ademanes o alguna otra expresión en general. Cada revelación de ese cuerpo significante, cada palabra referida o reprimida fueron manifestaciones elocuentes de ellos y que, sin lógica o sin razón, en innumerables ocasiones a borbotones manifestaban su sentir y su pensar.

Siempre que puedo, recuerdo sus elocuentes voces o locuciones coloquiales, sus miradas, sus ojos vivos y cristalinos que, en más de una ocasión reflejaban una profunda alegría y una extraordinaria pasión por la vida, teniendo potencialmente todo al alcance de sus manos. Sus sueños eran esperanzadores, sus voluntades inquebrantables y sus deseos de vivir eran tan inescudriñables y magnánimos que ellos mismos veían y sentían lo que nosotros como adultos, a estas alturas, ya no alcanzamos a distinguir ni a comprender, mucho menos recordar, y es "ese deseo de vivir la vida intensamente", que era y sigue siendo una lección de vida que hoy a los adultos nos parece absurda y sin sentido, pero para ellos es su razón de ser. ¿Qué tan difícil puede ser la vida? Para ellos es simple, es una cuestión pragmática. Eso es lo que no alcanzamos a comprender.

Indefectiblemente el deseo de vivir que te muestran es tan indescifrable que te dejan perplejo e impávido, pues ellos exhalan por todo su ser una sensación de vida y felicidad y aunque parezca fugaz, indudablemente, al menos por ese momento transpiran alegría, ríen a carcajadas y te dicen las verdades sin censura. Juegan, brincan, hacen diabluras a sus compañeros o compañeras, se paran en clase y lo que menos les importa, aparentemente, es estudiar. Nosotros como profesores, frente a esta actitud, que muchos llaman "anormal", nos llegamos a impacientar profusamente hasta volvernos iracundos, y sin duda como consecuencia de ello, solemos gritar, manotear e incluso amenazar, siempre con el ultimátum del castigo y de la reprobación de la materia e inclusive en el último de los casos, con el reporte a dirección o la denuncia inevitable ante sus padres.

Así, de manera reiterativa he observado la impotencia que sienten la mayoría de los padres y maestros, percibiendo a través de sus expresiones corpóreas, sus miradas, sus gestos y ademanes una gran desesperación, coraje, desilusión e inclusive llego a percibir miradas reprobatorias y de descalificación hacía ellos.

Asimismo, en muchos momentos llegue a observar, como los jóvenes llegaban a perder la paciencia exaltándose con gran facilidad, llegando a las amenazas y a los golpes son sus compañeros, desafiando a sus maestros, a la autoridad educativa e inclusive a sus propios padres y en cada ciclo escolar de la escuela pareciera lo mismo; sin embargo, cada inicio de clases era diferente. Los jóvenes que llegaban eran nuevos, y aunque las problemáticas que presentaban eran similares y las situaciones vividas en el aula tenían peculiaridades análogas que surgían casi siempre del seno familiar y de sus propias contradicciones coexistenciales, cada una representaban indudablemente una identidad completamente diferenciada, atípica y única. Es decir, con personalidades sui generis.

Esos jóvenes que a veces se mostraban indiferentes en ciertas circunstancias, en otras se manifestaban colaborativos, aquellos que presentaban recelo, en otros momentos mostraban confianza. Cada uno de ellos era completamente diferente y sus estados de ánimo eran extremadamente polares, en la gran mayoría, iban de un extremo a otro; es decir, podían mostrarse huraños y sin dilación contextual alguna, luego te sonreían, como si no hubiese pasado nada. Esta manifestación era evidencia de una lucha continua entre el ser y el no ser, en una búsqueda permanente de su propia identidad social, psicológica y cultural.

Indudablemente y por consecuencia de ello, había casos extremos, siempre han existido e invariablemente siempre focalizamos al joven belicoso que buscaba "quién se la pague y no quién se la hizo", o a la muchachita coqueta que iba de boca en boca, ya sea por la expresión de quienes la vitoreaban con frases cursis o elocuentes llenas de pulsión libidinal o aquellas que hablaban despectivamente de ella por brindar besos de quien quisiera recibirlos o el joven taciturno que casi no hablaba o el elocuente que no paraba de cuestionar e inquirir, el soñador que siempre pensaba en el mañana o el pesimista que nunca esperaba el nuevo día, la diligente recatada y disciplinada en el estudio y la inconsecuente que nunca cumplía con sus tareas.

Innumerables sucesos y anécdotas surgen cuando se recuerdan a esos jóvenes estudiantes, Es cuando empiezas a conmemorar esos grandes momentos en el aula, las actividades al campo libre, las visitas a museos o zonas arqueológicas, los convivios, los recesos de clases o los días en que decidían irse de pinta[1].

También recuerdas momentos en que había disciplina, trabajo, dedicación y cooperación, entrega en las actividades académicas, deportivas, artísticas y en todas y cada una de las diligencias que se hacían, siempre surgía la duda de cada año, de cada ciclo escolar: ¿hacía donde caminarán?, ¿qué será de sus vidas?, ¿quiénes serán el día de mañana?, ¿será el futuro presidente de la nación?, ¿el ingeniero?, ¿la doctora?, ¿el maestro?, ¿la diputada?, ¿el abogado?...

Pero..., ¿cuántas veces nos preguntábamos lo contrario?... Si iba a ser el futuro barrendero de la colonia o el chofer del transporte colectivo, la empleada doméstica, la obrera u obrero de tal o cual fábrica. Evitábamos preguntarnos eso y más bien lo veíamos como la ineludible sentencia de sus malos hábitos escolares, veíamos esas actividades como una condena que debía cumplirse como consecuencia de sus arrebatos e indisciplinas escolares. Es como si asociáramos y presagiáramos su futuro en el fracaso de la supervivencia social. También recuerdo las entrevistas que tuve con ellos, las quejas y sinsabores del tipo de vida que llevaban en casa, los maltratos, las indiferencias, los sentimientos de soledad, las llamadas de atención y el abandono del que se sentían objeto. Siempre se quejaban y se justificaban de una u otra forma por sus acciones, culpando al padre o a la madre, al hermano o a la hermana, al abuelo o al tío, o a quien estuviese en casa, ya sea por la incomprensión o por la falta de libertad, pareciera que la escuela y la calle eran espacios de catarsis individual y colectiva.

No obstante, cuando se acercaba el fin del ciclo escolar y los exámenes finales se venían con celeridad y la posibilidad de reprobar era una gran probabilidad porcentual, aparecían diferentes actitudes, cada alumna o alumno con su razón de ser, pero siempre incongruentes a la forma en que se manifestaron durante todo el ciclo escolar; es decir, si antes se mostraban desinteresados y con una indiferencia falaz, al final del ciclo se acercaban y con un sentimiento trágico de la vida, te solicitaban con solemnidad y arrepentimiento que los aprobaras, que ellos iban a hacer todo lo posible por cambiar, que estaban dispuestos a echarle ganas los últimos días, te lo prometían y con el corazón en la mano te exigían una disciplina férrea que reencauzara su desestabilidad emocional y su indisciplina académica. Al final, en efecto te ganaba el corazón más que la cordura y la razón. ¿Con cuantos jóvenes habremos perdido el uso de la razón ante la emotividad de su fracaso?

LA CONDUCTA DEL ADOLESCENTE EN LAS ÚLTIMAS DÉCADAS

Es necesario hacer notar, que las actitudes hostiles e indiferentes de los jóvenes se han ido agudizando a lo largo de estos veinte años, de lo cual soy testigo, no tan solo contra la escuela y la instrucción pública o la llamada educación, sino también hacía la autoridad parental, religiosa, civil, social y por supuesto, hacía las formas de gobierno imperante, no porque no puedan o deban hacerlo, sino porque la actitud que presentan, bajo la interpretación de ciertas esferas sociales es contestataria, anacrónica, apolítica y sin sustento filosófico, rayando en la idiotez[2] y nada que no haya sido evidenciado en diferentes escritos, documentales, vídeos o notas periodísticas. Pero al final, pueden ser juicios demasiados prematuros, dada la falta de comprensión socio histórica.

Todos, por alguna razón social en comunicación de masas, nos hemos enterado que las escuelas se han convertido en verdaderas "jaula de peleas", en espacios catárticos[3] de liberación de la violencia reprimida, no en vano diferentes investigaciones sociológicas han señalado estas conductas violentas como "catarsis de desequilibrios emocionales", en lucha estériles de "tribus urbanas", y en más de una ocasión en diferentes contextos socio históricos, se han catalogado como "encuentro de bandas" y la actitud personal se ha revelado como ejercicio de poder, manifestado en diferentes forma de violencia, hoy la han retomado, redefinido y tipificado con el anglicismo "bullying"[4] y en las expresiones cotidianas académicas y jurídicas se ha tratado como hostigamiento escolar tanto en centros educativos como en el discurso jurídico, político, psicológico, social y cultural.

Sin embargo, quiero hacer notar que es una caracterización y tipificación sociológica que está muy alejada de la realidad, es un determinismo sociológico tipificado socialmente que esta completamente descontextualizado, de tal forma que la violencia intrínseca en el individuo se ve como manifestación fenomenológica que se ejerce a partir de las contradicciones existenciales de un individuo, pero no como reflejo de las contradicciones coexistenciales de una determinada etapa socio histórica o como producto de las relaciones de producción[5] que existe en un sistema de capital libre, tal y como Marx[6] lo anunciara.

Históricamente a este conjunto de caracteres de inestabilidad emocional e intelectual le han denominado adolescencia[7] y en las penúltimas décadas se le han asociado diferentes tipificaciones, sobre todo por la supuesta conducta antisocial del mismo, entre ellas las de "rebelde sin causa"[8] y aunque la mayoría de estos jóvenes estén manifestando su desacuerdo contra el llamado "orden imperante" o la "autoridad en turno", ya sea de la familia, de la escuela, el trabajo o de cualquier esfera social, lo que han determinado con "su actitud" es el connotado uso de ciertos vocablos para determinar o caracterizar estas manifestaciones conductuales, estigmatizando su razón coexistencial, sobre todo en la llamada postmodernidad.

En la actualidad, al prolongarse la adolescencia hasta los treinta años o más de edad, han tipificado a estos mocerios como jóvenes "ninis"[9], lo cual ha pasado a ser una preocupación de suma importancia social que se aúna a las prexistentes, ya que muchos de estos "jóvenes adolescentes", no tan solo manifiestan actitudes rebeldes hacía una autoridad determinada, sino que también omiten responsabilidades y deberes sociales y familiares, como el quehacer doméstico, el estudiar o incluso el trabajar, lo que implica que en la escuela reprueben asignaturas y en casa omiten el rol que les corresponde. Sin embargo, estas actitudes no son una causa, sino una consecuencia que funge como detonante y que son producto de los conflictos familiares, de las crisis socioeconómicas y coexistenciales, como producto de las relaciones de poder imperantes o ausentes, ya que al adolescente en sí, lo menos que le interesa es estar en la escuela y sus preocupaciones son de carácter coexistencial, las formas tan diversificadas en que se relacionan con otros agentes sociales determinan su pensamiento y su actuar; el hecho de implicarse en situaciones que no sean claras, determina incluso perder el sentido de la vida.[10] No es dable a la ignorancia saber que muchas de éstas problemáticas ya han sido tomadas en consideración por algunos investigadores[11] y autoridades educativas, institucionalizando la atención al adolescente y de manera recurrente tratando de solucionar a través de ciertos programas y subprogramas educativos la atención al joven, aquí las políticas asistencialistas[12] juegan un papel importante. Pero a pesar de todo sigue en aumento dicho fenómeno social. Parece ser, bajo estas circunstancias, que las políticas educativas y sociales no han sido del todo eficaces, ¿qué hace falta?, ¿qué es lo que no está funcionando en esta sociedad?, ¿será la escuela y los maestros?, ¿la familia?, ¿la comunidad?, ¿el Estado?, ¿la Iglesia?, ¿quiénes son los responsables de esta llamada crisis "educativa" ?, ¿realmente habrá un responsable o todos somos responsables?

Son preguntas que debemos reflexionar, ya que son parte del principio de realidad y del tipo de sociedad en la que vivimos y debemos cuestionarnos, cuáles son los valores intrínsecos del adolescente dentro de esta cultura que está inmersa en la llamada filosofía del porvenir y porque entran en contradicción contra los principios éticos que regulan el bienestar humano, indudablemente también debemos considerar algunos indicadores sociológicos que han determinado la idiosincrasia del joven adolescente, así como las causas fenomenológicas de las conductas antivalorales o antisociales que al fin y al cabo son brechas generacionales.

También es importante considerar que los indicadores de la violencia en la familia son un producto social y sus orígenes son exógenos no endógenos, salvo que presenten, como consecuencia de la misma situación, un origen patológico psicológico. En las subsiguientes deliberaciones debemos interpretar los espacios intersubjetivos en los que se mueve el adolescente y el llamado problema de la ingobernabilidad que actualmente manifiesta. Otro de los aspectos que también me parece muy importante considerar es la intención de denotar la importancia del redimensionamiento moral en los procesos de adaptación, marginación y aniquilación social, sobre todo en los espacios políticos intersubjetivos, propio de lo que llamó Foucault la microfísica del poder[13], donde al adolescente se le relega y se margina. Así mismo, trataremos de considerar algunas nociones conceptuales que han ayudado a superar obstáculos conductuales en los adolescentes y qué hacer con la actitud desafiante del mismo.

No omito mencionar que existe la posible similitud de términos o conceptos que hayan sido utilizados por otros autores; sin embargo, la redacción es en base a la experiencia profesional docente y a la observación e información recabada a lo largo de todos estos años, así como el reconocimiento teórico de las lecturas que a lo largo de mi vida personal y profesional he realizado y que me han permitido analizar, sintetizar y exponer mi punto de vista sobre un tema tan controversial como "la educación de un hijo adolescente". Por tal motivo, me permito presentar mis reflexiones al público en general con la única finalidad de contribuir al entendimiento de dicho fenómeno social. Aunque en término llanos, puedo decir que las percepciones que tenemos de un adolescente son las mismas que tenemos ante cualquier fenómeno social que se nos presente, dado que la forma en que abordamos un objeto de estudio, no está desprovista de prejuicios ideológicos culturales y que por herencia cultural, nos preceden los preceptos idiosincrásicos de una educación formada bajo el velo de una cultura cristiana, dominante y colonizadora, en término kantianos, hablamos de un principio que esta sustentado en máximas morales y es "una manera de pensar práctica consecuente con inmutables máximas"[14]; y que por dinámica socioeconómica estamos inmersos en los valores intrínsecos de un sistema de capitalismo tardío.

LA CULTURA MEXICANA Y LAS FORMAS DEL PENSAMIENTO EN EL ADOLESCENTE

México es una sociedad con una gran riqueza natural y étnica, riqueza que traspasa los límites geográficos de quienes la han visitado y se han congratulado de su belleza natural y humana. No tan solo por sus monumentos históricos que son parte de sus raíces prehispánicas o coloniales, sino por la grandiosidad de sus costumbres y tradiciones; por la hospitalidad y nobleza de su gente, por su impresionante orografía a través de sus desiertos, bosques, valles y montañas; por la riqueza idiosincrásica, pluricultural de las más ancestrales etnias que aún subsisten bajo el embate omnipotente de la llamada civilización moderna. México es un híbrido cultural de colores, razas y lenguas, que hacen preservar aún, en sus raíces, la búsqueda de una teoría axiológica eminentemente humana. Ahí donde la principal preocupación filosófica y social, es y debe ser, ontológicamente, el ser humano. Tal es la riqueza cultural y social que tienen algunas comunidades autóctonas, donde el valor de la cortesía, el respeto, el amor y otros tantos valores, se ven reflejados en su andar, en su mirar, en su gastronomía y en la cultura de su idiosincrasia en general.

Sin embargo, México, a pesar de sus riquezas naturales y culturales, se inserta en un principio de realidad, que ha rebasado límites geográficos y culturales; y, refleja en sus habitantes actos de corrupción y burocracia. Es un país donde la teoría de la supervivencia no tiene que ver con los valores intrínsecos de sus habitantes, ni con el trabajo, la perseverancia y el esfuerzo laboral, sino con el pragmatismo propio del capital y de los mensajes sugestivos y subliminales de la mercadotecnia comercializada, de la violencia institucionalizada o del zanganismo del usurero comerciante o la cínica actitud del "gandaya" o del bribón urbano, que Fernández de Lizardi describió tan bien en el Periquillo Sarniento; que engaña y engatusa, bajo un velo de ignorancia al campesino o al obrero, al estudiante o al profesor, al ama de casa o a la ejecutiva, al comerciante o al intermediario, al burócrata o al intendente o a cualquier ciudadano ingenuo. Siempre sobreexplotando el trabajo de quienes se dedican con desvelo y esmero a luchar por una vida digna y verdaderamente humana.

Hoy vemos a un país inserto en noticias sensacionalistas de crimen y pobreza, de sexo y farándula, de chismes y premios, de mentiras y cinismo. México es un país con una cultura subcapitalista que enerva los anti-principios y desprecia al ser virtuoso. Ser honrado y honesto es ser tonto, ser cortés es ser barbero o lambiscón, ser fiel es sinónimo de raro y aburrido, perseverar es ser conformista, ayudar es ser samaritano; hacer quehacer doméstico, más si eres hombre, es ser mandilón, ser pacífico es ser homosexual; etcétera. ¡Vamos! En una sociedad como la nuestra pareciera ser que se cultiva y se premia, a través de la familia y la sociedad, los "antivalores" y las conductas antisociales.

¿Por qué entonces los llamados "antivalores humanos", hoy por hoy, juegan un papel de supervivencia social en los individuos?, ¿por qué la sociedad moderna se esmera con acertada individualidad e indiferencia, en crear seres humanos, exentos de principios universales?, ¿por qué se premian a los usureros, a los gandayas o vagabundos, a los bribones o deshonestos, a los flojos o mediocres, a los ladrones o pederastas, a los golpeadores o criminales, a los mentirosos o cínicos?... La lista puede ser interminable y en la cultura mexicana existe una solapada actitud de cobijo materno o paterno en este tipo de actitudes, ya que en muchas y variadas ocasiones tendemos a cubrir a nuestros hijos de los errores que ellos cometen, incluso si son antijurídicos o antinaturales. Se vanaglorian del machismo, el valor, la arrogancia, la prepotencia, la fuerza, la solapada indiferencia, el individualismo y el egoísmo, entre otros antivalores sociales. De ahí la connotada afluencia social hacía los deportes de contacto físico y explosivo como el box o el futbol soccer.

México, en efecto es un gran país, por la riqueza sociocultural y económica que detenta, sin embargo, existe más representatividad de los bribones y flojos que de los trabajadores y honestos. ¿Quién se ha encargado de manifestar abiertamente ese principio absurdo? Los estudios nos han rebelado como los medios masivos de "comunicación" son uno de los principales responsables sociales y llevan décadas "educando" a una sociedad mexicana que se ha dejado seducir por los medios de transmisión masiva, cuya riqueza implícita se ha manifestado a través de programas que denotan todas las bajezas sociales de México, que ha creado una psicosis nacional basada en la violencia y en el sexo explícito, en el poder de facto y en la muerte manifiesta recreada en la industria del delito, expuesta en el "amarillismo" político y cultural de las clases más desventuradas, en el monopolio oligárquico del comercio transcultural que crean necesidades subjetivas basadas en la sugestión y en la sublimación inconsciente del consumismo[15] compulsivo, entre otros aspectos.

Sin embargo, no dudo en apreciar también, que hoy, los medios de comunicación masiva, incluidas las redes sociales, han generado un gran auge en la comunicación y divulgación de los antivalores. En ella también encontramos violencia y sexo explícito, homofobias, xenofobias, racismo, noticias sensacionalistas, entre otras manifestaciones socio culturales que denotan denotativamente sadismo, odio, repulsión, intolerancia, etc.

Tal es el estado social en que un adolescente prevalece, donde se amamanta día a día de esa subcultura de supervivencia y rapacidad. Así, al analizar ciertos indicadores conductuales nos permitirá revelar, que aquellos adolescentes serán en el futuro, y seamos conscientes de ello, los servidores públicos, profesionistas de escuelas u hospitales, políticos, transportistas, comerciantes, etcétera, que el día de mañana nos devolverán algún servicio, pues la educación es un efecto boomerang que tarde o temprano volverá a nosotros a través de un servicio, de una atención o de algún acto vandálico.

LA CULTURA EN LA FILOSOFÍA DEL PORVENIR Y EL PENSAMIENTO ADOLESCENTE

Cuando expresamos nuestra preocupación sobre el significado y comprensión de lo que entendemos por "globalización económica en un sistema de capital" hablamos de una cultura que esta imbuida en una filosofía del porvenir, lo cual significa que todo lo que vivimos en cierta parte del país también muchos otros seres lo viven casi de la misma manera en cualquier otra parte del mundo, lo único que cambia relativamente son las latitudes y altitudes geográficas. Hablar de globalización es hablar de productos y servicios que se manifiestan en actitudes que se venden y se homogenizan en todo el mundo, es cuando los comportamientos de las personas son condicionadas y determina ciertas formas homogéneas del ser, ya que se tiene la misma respuesta conductual frente a un producto, un complejo comercial e inclusive frente a la vida misma.

La cultura en la filosofía del porvenir se concibe como ese espíritu universal hegeliano en el que todos estamos imbuidos y que se manifiesta en ese conjunto de indicadores sociológicos que determinan formas específicas de pensamiento y de conducta social aquí y en todo el mundo; y, que dependen directa o indirectamente de las relaciones sociales en que se ven inmersos los seres humanos, en sus relaciones de producción económica, donde la razón universal se concretiza en la razón individual y la razón individual se concretiza en la razón universal. Ahí donde respiramos aire también aspiramos cultura.

Por consecuencia toda la cultura que se manifiesta en el ser humano es un conjunto de ideas, conceptos, esquemas e ideologías que expresan el sentir y pensar de un sistema social; y, ésta se exporta de un lugar a otro a través de los mismos individuos o de los medios de difusión masiva mediante procesos sistemáticos de mercadotecnia comercial, implementando en todo momento y sugestivamente el llamado triunfo de este hombre postmoderno.

Sin embargo, la insatisfacción ante los medios, objetos y formas de vida en general muestran un fracaso en sí mismo y sobre todo en sus procesos de concreción social, ya que existe un divorcio entre lo que le venden que es el "progreso social" y su "realidad social", y esto repercute de forma inconsciente en la frustración e insatisfacción y en las formas alienantes del ser.

Así, coexistimos en un mundo que Karel Kosik acertadamente en Dialéctica de lo Concreto, llamó "el mundo de la pseudoconcreción", espacio donde no tenemos conciencia de sí mismos y de la realidad que vivimos. Es este proceso de enajenación masiva el que no solo se perfila en los procesos de conformación ideológica como bien sabemos, sino también en el trabajo, tal y como lo mencionaba Carlos Marx, en su obra "El Capital" cuando afirma que el hombre aparece como *"apéndice de la máquina"* y se ve desposeído por el capital, de sus productos y de su capacidad creadora, sometiendo su voluntad a una razón absurda, alienante e inconsciente. Herbert Marcuse lo plantea así, en su libro El Hombre Unidimensional: *"De nuevo nos encontramos ante uno de los aspectos más perturbadores de la civilización industrial avanzada: el carácter racional de su irracionalidad… El mecanismo que une el individuo a su sociedad ha cambiado, y el control social se ha incrustado en las nuevas necesidades que ha producido"* (1987). Todo el precondicionamiento social y psicológico que refleja el individuo tiene que ver con la mímesis social y ésta, está íntimamente correlacionada con las formas del sentir común. Relación sociológica donde el adolescente es manifestación de la misma.

El impacto sociocultural que determina el actuar de un adolescente es directamente proporcional a las condiciones de producción de un sistema de capital determinado. Normalmente, bajo estos aspectos, podemos considerar que la conducta antisocial de un adolescente es una variable dependiente de los siguientes supuestos que a continuación expongo.

CULTURA Y GLOBALIZACIÓN ECONÓMICA EN EL COMPORTAMIENTO ADOLESCENTE

El hombre moderno, vinculado a ésta filosofía del porvenir de la sociedad capitalista, vive en condiciones no tan favorables como él quisiera, de tal forma que los bienes y servicios que todo ser humano debería tener y que no tiene, crea en el joven, sentimientos adversos que trastocan sus posibles relaciones sociales, formando emociones e insatisfacciones ideológicas, donde la perseverancia y el trabajo no tienen valor ni razón de ser, pues siempre se buscará satisfacer las necesidades económicas superfluas de manera inmediata y no las necesidades fundamentales necesarias a través de la perseverancia. Es decir, la filosofía del porvenir recrea en el adolescente, desde temprana edad, sentimientos de frustración e insatisfacción personal.

La globalización, como toda forma sistematizada de producción comercial y económica ha cultivado sus propios valores y estereotipos; así, observamos indicadores conductuales, que vemos reflejados en diferentes momentos sociohistóricos en el comportamiento de los jóvenes y de la sociedad en general, tales como la individualidad, la competitividad, el egoísmo, la sumisión, la rebeldía, la indiferencia, el desamor, el desinterés, la apatía, la mentira, la avaricia, la servidumbre, la soberbia, el orgullo, la ira, la autocensura, la autocompasión, la autoflagelación, los vicios como fuga psicológica de la realidad, la vacuidad existencial, entre otros. Son valores intrínsecos en esquemas ideológicos que se incorporan de manera inconsciente en la cultura de los miembros de una familia moderna y tienden, en determinadas circunstancias socio históricas a entrar en un conflicto permanente entre los integrantes de esta, pues los procesos de aceptación y supervivencia social van en consonancia con dichos valores.

Estas incipientes confrontaciones interpersonales que se dan en el seno de la familia devienen del encuentro de dos o más culturas que son diametralmente disímiles, que coexisten en cuatro paredes y que nunca llegaron a encontrarse; ya que la cultura de la discusión y la comunicación fueron nulas e inexistentes y en la mayoría de los casos las ideas nunca se ponían en tela de juicio y el ejercicio de la autoridad se convirtió en algo incuestionable. De esta manera, lo que encontramos, es una lucha sin cuartel donde dos o más formas de concebir el mundo se enfrentan y desgarran, sin lastima, sus sentimientos; pero no sus velos ideológicos. Por ello, a pesar de esta lucha, la actitud que se manifiesta sigue siendo inconmovible y siguen aferrándose a sus paradigmas o esquemas conceptuales. Así es como aparecen las ortodoxias y los fundamentalismos, como expresión totalitaria, autoritaria y compulsiva en el ejercicio del poder; y éstos, son más grandes que el amor y el entendimiento entre estos seres humanos y eso implica que las ideas que fluyen en el ambiente no sean debatibles.

Por otro lado, la falta de expectativas económicas, la ausencia o bajo poder adquisitivo, el ejercicio de la libertad y el poder crean condiciones o válvulas de escape que descansan en arrebatos de ira incontrolables que buscan estallar en cualquier conflicto so pretexto de cansancio pero no de intolerancia social, incentivándose de manera aparentemente casuística la llamada violencia intrafamiliar. Las consecuencias psicológicas que dan lugar a este fenómeno social y que están supeditadas en gran medida a la crisis existencial manifiesta, se ve expresada en el ejercicio y manipulación del poder que se ejerce de un género a otro, mediante la amenaza o el miedo y que inspiran a través de sus actos, intimidaciones de toda índole, incluyendo la posibilidad de autoflagelación y amenaza a seres allegados de la familia nuclear o no nuclear.

Sustentados en esos ejercicios de poder, que para el adolescente será desmedido, la autoridad recrea en él un estado permanente de vigilia y de exaltación nerviosa, cuya manifestación y consecuencia inmediata va a ser la rebeldía como carácter explícito de autonomía, ya sea mediante el abandono del hogar o de la escuela, y del sexo manifiesto como expresión compulsiva de fuga.

Así, el origen de la conducta que denominaremos antisocial, sin intención connotativa y peyorativa en el adolescente, estará determinada por esas condiciones socioeconómicas en que se desenvuelve la familia y el lugar que ocupa en un sistema de producción capitalista. Así mismo, la ubicación geográfica donde vive determina en gran medida su idiosincrasia cultural, su malestar o bienestar económico y aquí no importa el estatus social en que se desenvuelvan. En todos los sentidos la dinámica social impactará siempre en todos y cada uno de los ámbitos o esferas sociales en que se desenvuelva este adolescente.

El sistema de capital, erróneamente, no diferencia la educación de la instrucción y ambas del adiestramiento; el principio de realidad coexistencial educativo denota, en su expresión kantiana, un amplio espectro cultural que rebasa las expectativas formales e institucionales de lo que sería la instrucción pública, ya que la educación es un concepto social, donde todas las esferas de la vida cotidiana educan, dirigen, forman y hasta en cierto momento y circunstancia, comercializan, ideologizan, predican o politizan y se convierten sus sentencias en imperativos categóricos morales. Y es precisamente esta conciencia sociocultural a lo que llamamos idiosincrasia, la cual en gran medida han contribuido deliberadamente los medios de comunicación masiva; de ahí, la importancia de diferenciar la educación de la instrucción y del adiestramiento. De esta forma, cuando hablamos de una práctica socioeducativa también hago hincapié en que forman y construyen una conciencia sociocultural basada en antivalores o lo que vendría siendo lo mismo, valores dentro de una globalización económica. Sin embargo, por desgracia, esa es la creencia que por antonomasia se asocia al concepto de Educación, es necesario romper ese paradigma, ya que la Educación es un concepto por excelencia filosófico que abarca los más loables saberes científicos y que por esencia, marca una diferencia entre el adiestramiento de la conducta y la instrucción en el libre mercado. El desafío bajo esta circunstancia es precisamente la educación del adolescente.

La instrucción pública, al ser multifactorial e integral, es uno de los procesos más complejos de la sociedad moderna donde se insertan infinidad de esferas sociales. Es decir, en este proceso instructivo lo que estamos haciendo no es educar a un adolescente, más bien estamos instruyéndolo para el mercado, incluso mal instruyendo, ya que lo estamos condicionando a ciertos estándares propios de la mercadotecnia empresarial y de esa forma explicitamos en nuestro quehacer diario un adiestramiento a efecto de que sea una persona disciplinada, ordenada, impecable y que sólo atienda instrucciones mediante manuales, sin objetar, manifestando en todo momento, obediencia conforme a la filosofía de un obrero procedimentalista. De esta forma buscamos, a como dé lugar, una disciplina férrea (adiestramiento), una producción continua, acelerada, eficiente y eficaz (instrucción), pero no buscamos crear conciencia de su actuar, de su pensar y de su razón de ser (educación).

De esta forma, tenemos a una sociedad empeñada en estos valores capitalistas, buscando en todo momento a un ser triunfador, eficaz, eficiente y competitivo, con toda la extensión de la palabra; y, eso implicará ver al adolescente como un producto que se puede producir en cierto tiempo, con cierta calidad, en determinado lugar y con ciertas expectativas de plusvalía o ganancia implícita. Por ello, la inversión en el capital humano de acuerdo con el economista Gary Becker (1993), es ineludible en un sistema de producción capitalista. De ahí que sea importante diferenciar conceptualmente los términos de adiestramiento, instrucción y educación; ya que estos tres conceptos tienen finalidades distintas en un sistema de capital, de tal forma que debemos ser conscientes de estos procesos; ya que, si bien los tres son necesarios y dialécticamente imprescindibles, el riesgo de encapsularse en uno solo representaría serios problemas para el adolescente y la sociedad en general.

Sin embargo, si se cultiva la razón a través de la incorporación del conocimiento científico, educándose en armonía con la instrucción y el adiestramiento, el adolescente tendrá la posibilidad de desarrollar habilidades epistémicas y destrezas psicomotrices de alto rendimiento y tendrá un equilibrio emocional e intelectual pleno.

LA ESTRUCTURA LÓGICA DE PENSAMIENTO EN EL ADOLESCENTE

El entorno cultural que se supedita a la idiosincrasia mexicana con sus mitos y costumbres, tradiciones y creencias determinan ciertas formas de concebir y de pensar el mundo y a estas formas de pensamiento le llamamos estructuras lógicas de pensamiento o esquemas conceptuales que se heredan de generación en generación. Esto implica entre otras cosas, la supeditación del ejercicio de la libertad del pensamiento a un ejercicio de la autoridad práctica o factual (Kant, 2009) estableciéndose así en la conciencia del adolescente un deber ser sustentado en paradigmas y fundamentalismos que entran en contradicción con los principios de realidad, siendo ésta un continuo devenir sociohistórico que está en continuo cambio.

Enfrentarnos a dicho proceso permite entender a un adolescente en continua evolución conceptual, esta evolución es la que me ha permitido observar cómo el adolescente siempre está en crisis existenciales entre lo que fue, lo que es y lo que quiere ser. El punto de partida de dichas crisis fueron precisamente los juicios a priori y a posteriori, categorías epistémicas kantianas, donde sus paradigmas (estructura lógica de pensamiento) y sus mecanismos de defensa (estructura psicoanalítica) juegan un papel muy serio en la construcción de un pensamiento libre. Esta estructura lógica se presenta llena de prejuicios, que en términos positivistas sería lo que Augusto Comte (1975) determinó como un pensamiento mágico-teológico y en términos postmodernos hablamos de la construcción de un pensamiento unidimensional, como expresó Herbert Marcuse (1987), cuya visión se limita a ser lineal y no multidimensional; y a su vez, alienado en un sistema de producción capitalista, sin razón y conciencia de sí mismo, tal y como lo sustentó Ludovico Silva (1979).

Esta estructura lógica de pensamiento es un producto social que surge de las condiciones generales en que un individuo se relaciona y de los roles de poder en los que ve inmerso, como menciona Foucault (1980). Así mismo, Pedro Salinas (1967) evidencia la construcción lingüística de los jóvenes como producto de la interacción social y cultural del país, donde *"hay muchos, muchísimos inválidos del habla, hay muchos cojos, mancos, tullidos de la expresión*" que tienen un pensamiento acabado y unilateral; y, que no son dueños de su lenguaje y su pensamiento. Lo que ha nutrido al pensamiento cotidiano del adolescente es una cultura imbuida de impactos visuales, cuya capacidad de abstracción ha sido inhibida y sustituida por una naturaleza simbólica y representativa de la cultura capitalista, como también expresó Giovanni Sartori (2002).

De esta forma, las crisis coexistenciales del adolescente en la familia, la escuela y la comunidad no son otra cosa que procesos de duda epistémica entre lo que son y lo que el mundo les ofrece; y la lucha que mantienen entre las estructuras lógicas de pensamiento generacionales, parentales o de cualquier otra autoridad, son devastadoras y recaen en un fenómeno conocido como rebeldía, concepto que en posteriores páginas analizaremos.

PODER, LIBERTAD Y LENGUAJE EN EL PENSAMIENTO DEL ADOLESCENTE

Las relaciones de poder entre los individuos que coexisten en una familia o grupo social se convierten en roles jerárquicos sustentados en la administración del poder, ya sea persuasiva o coercitiva. En ambos casos, las relaciones de poder mal administradas ocasionan abusos de autoridad que tarde o temprano el adolescente denunciará a través de su desconocimiento y rebeldía, de tal forma que la construcción de la familia se sustentará siempre en la autodeterminación de uno y en el sometimiento del otro o los otros, generando a temprana edad, rivalidades de poder y no habrá límites en el ejercicio del derecho, la igualdad y la libertad.

La autoridad como ente político en el ejercicio del poder, siempre debe sustentarse en la razón, nunca en la imposición. Sus espacios de movimiento deben ser equilibrados, firmes y consecuentes con la circunstancia social en que se esté desarrollando. La autoridad es uno de los conceptos políticos más debatibles en el ejercicio del poder a través de la historia, su objeto de acción se enfoca hacía la igualdad, la justicia, la libertad; pero, sobre todo, hacía los límites de la gobernabilidad.

Toda ausencia de autoridad es posible, siempre y cuando existan principios filosóficos y éticos que permitan la autogestión, forma de convivencia social que representa la capacidad que tiene un individuo para autorregular su conducta y guardar un equilibrio ético. El faro que guiará a la autorregulación conductual es la luz de la razón supeditada a la principal preocupación filosófica del hombre que es la del hombre mismo. Toda obra o acción que haga daño al ser humano debe tipificarse como antinatural, así lo menciona el estudio del derecho natural, llamado iusnaturalismo, de Norberto Bobbio y Michangelo Bovero (2005); y, este proceso debe ser eminentemente dialéctico.

Por otro lado, Urban (1979), en su libro Lenguaje y Realidad, plantea que los límites del lenguaje son los límites del entendimiento humano y el cultivo del lenguaje debe ser una prioridad para la conformación de un pensamiento científico, entre mayor léxico incorpore un ser humano mayor dominio de su entorno sociocultural tendrá a su alcance y mayores posibilidades de solución y entendimiento estarán a su disposición, esto le ayudará a cultivar la capacidad de disertación, ya que la duda epistémica sembrada en la palabra, como premisa filosófica, estará supeditada a la investigación de nuevos conocimientos, según Descartes (2006); y su léxico será eminentemente connotativo, lleno de significados y significantes, tal y como lo expuso Ferdinand de Saussure (1945) en Curso de Lingüística General. Donde los límites de su lenguaje serán los límites de su mundo. (Wittgenstein, 1918)

Así, las transformaciones conductuales de los individuos son directamente proporcionales al nivel conceptual del entendimiento humano, entre mayor incorporación lingüística se reciba mayor proceso de disertación tendremos, siempre y cuando seamos capaces de ver el conocimiento como una búsqueda incansable por la libertad, porque ser libre significa el ejercicio del libre pensamiento, libre de ataduras ideológicas, ortodoxias o fundamentalismos.

TEORÍA DEL EQUILIBRIO HUMANO EN LA CONDUCTA DEL ADOLESCENTE

Centrar la actitud del ser humano en una "teoría del equilibrio" es buscar al hombre virtuoso aristotélico, lo que implicaría buscar el punto medio de lo que se conoce como virtudes cardinales platónicas: templanza, prudencia, fortaleza y justicia, esta teoría es dialéctica, siempre estará en constante transformación y cambio. La teoría del equilibrio, según Aristóteles (2006), es una las razones que determinarán la capacidad para que un individuo sea capaz de vivir en armonía consigo mismo y con la sociedad, ya que los excesos los llevarían a cultivar vicios. Esta teoría a pesar de ser eminentemente controvertida para algunos, es a mi juicio, una de las más completas que nos podrían llevar a ser mejores seres humanos, pues estaríamos siempre en los límites del equilibrio psicológico y emocional.

Hay algunos intelectuales que piensan que regresar a Aristóteles (2006) es retrógrado, más aún cuando existen muchas teorías hindúes, orientales, modernas o contemporáneas que buscan también el equilibrio humano; sin embargo, la única búsqueda es aquella donde el ser humano sea capaz de autorregularse, consciente de su razón y de su coexistencia, que le permita vivir bien consigo mismo y con los demás. Y que no dependa su albedrío de doctrinas políticas, sociales, jurídicas o económicas para la libre autodeterminación de su voluntad. La razón del equilibrio es la capacidad para entender su entorno y ser capaz de transformarlo, en el transcurso del trabajo haré notar que la rebeldía, a pesar de ser un proceso de desequilibrio emocional e intelectual, es un proceso tan natural como la misma búsqueda de la libertad. Que la neurosis, presentada como concepto freudiano, también es inminentemente un desequilibrio psíquico; y, sin embargo, es sumamente necesario para el bienestar del ser humano. Así mismo, luchar contra la injusticia, la esclavitud, la explotación, la desigualdad, etcétera, son procesos de rebeldía, con un gran desequilibrio social, pero tan necesarios como la vida misma, por eso es imprescindible que se entienda que la teoría del equilibrio es un proceso dialéctico, de continuos cambios y transformaciones individuales y sociales, ya que lo que es útil en ciertos momentos de la vida, en otros momentos será una inutilidad.

Por otra parte, es importante reafirmar la perspectiva de cómo lograr reforzar acciones que ayuden a establecer criterios que sean efectivos en la consolidación de situaciones prácticas, que a más de las veces se requieren para ser eficaces en la construcción de hábitos en los adolescentes. Muchas de las actitudes de los adolescentes son directamente proporcionales a las problemáticas psicosociales que se presentan en la familia y en la sociedad; y éstas solo se transformarán en la medida en que los adultos estemos dispuestos a transformarlos.

POSIBLES CAUSAS Y ORÍGENES DE LA CONDUCTA ANTISOCIAL DEL ADOLESCENTE

Al analizar los indicadores sociológicos de la llamada conducta antisocial del adolescente o joven y una vez ubicado en el contexto histórico social en que se desenvuelve, me es necesario considerar varios supuestos ontológicos que son importantes en la valoración ética y moral de la conducta de este. Los enlisto a continuación:

Primero: el joven es un adolescente que se ha determinado así, por los cambios de identidad que han sido condicionados por los transformaciones fisiológicas, biológicas y psicológicas en las que está inmerso socialmente. Sin embargo, es necesario reafirmar que antes de llamarlo adolescente, es necesario verlo concebirlo como un ser biopsicosocial, producto de un sistema de producción capitalista con todos los valores intrínsecos que del mismo sistema deviene. Es un estado del espíritu que se determina por una estructura lógica de pensamiento, contemplado como un conjunto de ideas, conceptos y categorías que un ser humano incorpora a lo largo de su vida activa y cuyas formas ideológicas están determinadas por las condiciones socioeconómicas y políticas en que se desenvuelve. Las contradicciones del adolescente son producto de las contradicciones coexistenciales de un sistema de producción acelerada.

Segundo: la idiosincrasia, con sus usos, costumbres y tradiciones, implícita en la conciencia de este joven formas determinadas por la cultura familiar, y la familia es una institución social en donde existen valores ya predeterminados e institucionalizados, derivados de la simbiosis sociocultural en que se hayan desarrollado; y que, dicho joven refleja en gran medida las contradicciones coexistenciales que cohabitan en dicho espacio sociopolítico llamado familia.

Tercero: la estructura lógica de pensamiento es el nivel de conciencia de un joven que refleja en gran medida el nivel de incorporación sociocultural a la que se ha visto expuesto a lo largo de su vida, ya sea a través de la escuela, la iglesia, los amigos, los padres o a los medios de comunicación masiva. Esto implica en gran medida la incorporación de un léxico o vocabulario que está relacionado inminentemente con los niveles de entendimiento del ser humano. Debemos recordar que la incorporación lingüística es una variable independiente del proceso de integración epistémica. Así como la expresión coloquial "eres lo que comes", determina nuestra apariencia, también la expresión "eres lo que hablas" determina tu estructura lógica de pensamiento. El uso de la palabra y el cultivo de la misma permite establecer los límites del lenguaje y con ello los límites de tu mundo. Tal como bien afirmó el filósofo Kierkegaard.

Cuarto: las formas culturales de la conducta del adolescente son manifestación en gran medida de las contradicciones familiares y sociales en que están inmersos, ya sea para negarlos o fomentarlos. Esto implica reconsiderar que los principios éticos y morales de un joven desde mucho antes se vieron vulnerados o fortalecidos por la autoridad parental, dependiendo la estructura ideológica de los mismos y de la influencia intelectual y cultural a la que haya estado expuesto. Incluso llegan a socavar los procesos de integración epistémica que se lleva a cabo en las instituciones escolares.

Quinto: todo ser humano a lo largo de su vida establece formas determinadas de estructuras conceptuales que le dan sentido a su vida y se establecen esquemas mentales que se convierten en dogmas, ortodoxias o paradigmas y cuyo impacto social esta inmerso en las relaciones humanas que establece con los demás y a ello no escapa el joven adolescente. Estableciendo sus prioridades idiosincrásicas desde mucho antes de que se incorpore a una escuela o en una relación interpersonal profesional o laboral. Los esquemas conceptuales inhiben los procesos disertivos y la capacidad de racionalidad, y fomentan este concepto que Herbert Marcuse determino como el hombre unidimensional.

Sexto: debemos considerar que siempre existirán resquicios o patologías psicológicas en una relación de poder entre dos o más seres humanos. La relación de poder es un acto de sumisión y rebeldía, es un acto natural entre el ser y el deber ser. Es una lucha intrínseca entre la legalidad y la legitimidad del poder. Es la libertad de aceptar o no la superioridad moral que en ese momento se enarbola como autoridad. El adolescente siempre se encontrará en esa lucha de poder y tendrá que aprender a administrar el ejercicio del poder y el rol que juega en dicha querella.

Séptimo: bajo la perspectiva psicoanalítica freudiana, el conflicto y la neurosis es un espacio natural que denota una lucha subjetiva entre el deber ser (súper yo), el ser (yo) y el no ser (ello), bajo los parámetros del sistema social imperante. Toda falta de equilibrio en estas entidades psicoanalíticas implica una posible neurosis cuyos impactos sociales son naturales. De tal forma, que las discusiones entre un adolescente y un padre u otro que refleje autoridad, siempre será causa de desavenencia ideológica y se tornara natural en el momento en que se acepta como principio de realidad. De lo contrario, implicará negación y con ello el cultivo de antivalores en las relaciones sociales.

Octavo: el adolescente, al igual que un niño que siempre dice la verdad, será un escrutador implacable de los principios lógicos de proposicionalidad y de sentencias lógicas, así como de la congruencia entre el decir y el hacer, entre el pensar y el actuar; y, revisionista del lenguaje y del conocimiento, luchador implacable de la confrontación teórica y argumentativa; y de toda forma de poder institucionalizada o no, legítima o legal. Así mismo, pondrá en duda todo aquello que le denote insubstancialidad argumentativa de la autoridad. Aceptar lo contrario, implica, que será el primero en refutar y evidenciar dicha incongruencia y esto también será una manifestación natural.

Noveno: el desafío a las viejas estructuras de convivencia social o de convencionalismos, será parte esencial en la búsqueda de su propia identidad. Será tan natural, que, de ser negado por la familia nuclear, estructurará mecanismos de defensa que le ayuden a desconocer esa autoridad parental y social, desafiando a través de su vestimenta, expresión corporal y lingüística, todo orden y disciplina moral; y buscará esa identidad en algún otro grupo social, llámese matrimonio, tribu urbana, club, pandilla o cualquier grupo religioso o cultural.

Décimo: la violencia hacia las personas y los objetos, si bien es cierto que no son naturales en el adolescente, son un acto de liberación y la gran mayoría son desencadenadas por una represión moral, social o política. La autocensura del "súper yo" o del "ello" libera sentimientos adversos de destrucción hacía todo aquello que se perfile como autoridad y de autodestrucción cuando se vea sometido a una fuerza mayor que la de él. Por ello, el adolescente en la conformación de su identidad va a consolidar un híbrido cultural, del cual tomará lo eminentemente necesario y lo demás lo rechazará y lo negará por considerarlo nocivo para sí, no importando de quien sea. Habría que recordar los niveles y actos de liberación que todo acto regulado por el poder manifiesta, primero se buscara liberar del más fuerte, si no puede, lo hará contra el más débil, si no lo logra por estar tutelado por el mas fuerte, lo hará contra los animales, si lo animales también son tutelados, lo hará contra las cosas, y si éstos fuesen también tutelados por el más fuerte, entonces se irá contra sí mismo. Pero indudablemente siempre existirá un acto de liberación y actos de fuga tal y como lo describe Erich Fromm en el Arte de Amar[16]. Habría que ser conscientes de esos actos y actuar en consecuencia.

Décimo primero: el ejercicio de la libertad es uno de los supuestos más importante del ser humano en general y del adolescente en particular. A través de la historia, las grandes batallas de la humanidad se han librado por este concepto tan fundamental en el ser humano, se han destruido fundamentalismos y se han construido otras entidades ideológicas al grado de institucionalizarlas y convertirlas en sistemas políticos. Los grandes filósofos, escritores y pensadores de cada época histórica a dedicado años a la reflexión y disertación de tan preciado bien social. ¿Qué razón tendría el adolescente para no pensar en ello? Toda su vida ha estado encaminada en el ejercicio de la libertad y en la defensa de la misma, hasta que no surja un poder implícito que lo haga cambiar de idea o lo reprima. La pulsión de vida está encaminada hacía este fin.

Décimo segundo: las fobias, odios, gustos, sueños, frustraciones, etc., de los adolescentes, son consecuencias de las transferencias emocionales e intelectuales que el adulto tiene hacía el joven. La estructura lógica de pensamiento parental es hereditaria y no existe ruptura paradigmática, salvo por una experiencia dolorosa, que obligue al joven a fugarse de sus propias limitaciones ideológicas; que, por ideologización política, religiosa o cultural, hayan sido perpetuadas a lo largo de su vida. Es decir, la lucha ideológica con el adolescente es una lucha consigo mismo.

Décimo tercero: los arranques de hilaridad y de nostalgia arrebatada, son fortuitas y naturales en el descubrimiento de esas pequeñas experiencias de pulsión de vida que el adolescente vive. Esta necesidad de vivir extraordinariamente; de manifestar arrobo, inquietud y curiosidad sin límites, es una necesidad psicológica y emocional que traspasa las barreras de la indiferencia, del enojo, de la desesperación y de la tragedia. No es que se burlen de la vida, de usted o de mí, no es que no les importe nada, simple y llanamente están experimentando la vida. La están viviendo, están vivos y llenos de energía. Desesperarse de esta despreocupación e hilaridad y emociones a flor de piel, implicaría trastocar la ocurrencia y la risa por el resentimiento y el odio.

Décimo cuarto: uno de los supuesto más importantes en la construcción de un pensamiento social y psicológico sano, es la verdad. Al adolescente le interesa la verdad, quiere la verdad, le causa una crisis ontológicamente insostenible y coexistencial al enfrentarlo a mentir o a sustentar situaciones donde se miente y donde se simula. Es un luchador incansable de la verdad, tenemos que hablarle con la verdad, tenemos que aprender a decirle las situaciones vivenciales tan crudas como son, a él le interesa saber cómo somos, porqué somos cómo somos y cómo queremos y no queremos ser. Se acostumbran a mentir porque los adultos mentimos, se acostumbran a mentir porque no queremos aceptar lo que ellos son, se acostumbran a mentir porque la verdad les lastima, les lacera, les desprecia, les desvaloriza frente a la mirada inquisidora y amenazante de quien se asume como una autoridad que miente.

LA VIOLENCIA EN LA FAMILIA Y EL IMPACTO PSICOLÓGICO – EMOCIONAL EN EL ADOLESCENTE

La violencia en la familia es un fenómeno social que se asocia a las transgresiones físicas y psicológicas que sufren los integrantes en sus relaciones cotidianas y como ente autónomo se vislumbra un proceso de excitación conductual donde sufren ciertas alteraciones nerviosas que son incentivadas por ciertas condiciones socioeconómicas y culturales existentes. En conjunto lleva implícito las contradicciones de las cuatro dimensiones estructurales de una sociedad cualquiera: económica, política, social y cultural. En dichas dimensiones se colapsan las estructuras económicas con las formas de organización social de un sistema de producción capitalista.

La familia se presenta como un conjunto de individuos que viven limitados geográficamente por cuatro o más paredes y en cuyo recinto se recrean formas ideológicas de concebir, aceptar, negar o de afrontar la vida. Los caracteres generales que presentan los individuos en familia determinan en gran medida las contradicciones coexistenciales. En si misma se presenta como un gran conglomerado cultural cuya cotidianidad está determinada por los medios de difusión masiva y otros grupos de poder que existen en la sociedad. Este escenario se presenta como una arena en cuyas lonas se discuten los proyectos del ser en general de la familia y la del ser en particular del individuo.

En modo alguno se vislumbra como un ente social cuya identidad individual esta disociada de la identidad social. Que, si bien es cierto que todas las familias en general presentan diferencias claras y definidas, también es cierto que todas guardan un patrón cultural preestablecido por las condiciones idiosincrásicas de la sociedad. De esta forma, cuando se pretende evidenciar que la familia tiene violencia intrafamiliar también se evidencia de manera implícita que dicha violencia es entre sus integrantes, no se negara que esto pasa, pero indudablemente y bajo la perspectiva de un análisis funcional-estructuralista, se evidencia que la violencia intrafamiliar es un proceso de desequilibrio individual que denota una transgresión por consecuencia y no por incidencia.

A través del prefijo "intra", dentro de, en el interior, se pretende evidenciar de manera absurda la violencia dentro de la familia y el poder del prefijo "intra" es la disociación social de la llamada identidad "familiar" frente a la diversidad llamada "sociedad" y se pretende hacer denotar que una violencia es generada desde adentro hacia afuera y no desde afuera hacía adentro. Sin embargo, el proceso de violencia interna no es endógeno es exógeno.

La estructura familiar actual es más compleja de lo que se creé y por consiguiente la absurda falacia de programas de atención al supuesto problema presentado como violencia intrafamiliar es un concepto de sobra, mediado y justificado por intereses disímiles a los del ser humano; en donde se pretende evidenciar que son los integrantes de la familia los que se destruyen a sí mismos. Lo cual es cierto, pero no es evidente ni casuístico sino consecuente.

Los absurdos, como plantea Albert Camus (2004), son precisamente en los que se sustentan las relaciones humanas, ya que no existen acuerdos de coexistencia social, sino convencionalismos ideológicos y mercenarios de convivencia y sobrevivencia, que se viven de manera no intencionada pero que sobreviven bajo situaciones fortuitas. En eso estriba la percepción de la violencia en el adolescente.

Por consecuencia, el concepto de familia se debe redimensionar de tal forma que se conciba como un conjunto de individuos que lloran, rían, jueguen, platiquen, sufran, convivan, peleen, discutan, forjen proyectos, sueños, ilusiones, etcétera, en esas cuatro o más paredes, así sea papá e hijos, mamá e hijos, tíos y sobrinos, abuelos y nietos, esa será la familia, quitemos la crisis de la supuesta disfuncionalidad familiar y del falso testimonio de la llamada familia nuclear.

LA SOLEDAD EN FAMILIA, UN ADOLESCENTE EN MEDIO DE SU CRISIS DE IDENTIDAD

En la familia existen situaciones en que alguno de los miembros se siente mal, especialmente el adolescente, pero lo único que encuentra es indiferencia y despreocupación, exigencia y disciplina, compromiso y trabajo, ya que se asocia a la edad y al proceso que en ese momento está viviendo. Al menos eso es lo que él percibe y con ello la soledad se acrecienta, porque uno de los sentimientos que más daño causan al ser humano es la percepción del sentimiento de soledad, sentimiento que lo acompaña incluso años después de adulto.

Los desprecios objetivos y subjetivos de los cuales se autojustifican los adolescentes recrean una psicosis de perpetua paranoia, donde las emociones se entrecruzan, se desbordan en ira, celos, impotencia, coraje, dolor, tristeza, angustia y demás sentimientos que denotan intranquilidad e inquietud, donde el espíritu no puede encontrar el equilibrio entre lo que es y lo que existe alrededor de sí mismo, los semblantes reflejan el estado del espíritu, ya sea equilibrio o desequilibrio emocional.

Desesperadamente buscan en quien sostenerse y en quien mitigar el dolor y la angustia; buscan consuelo en el olvido y en el embrutecimiento de las drogas o del alcohol, del sexo o del trabajo y se embotan en las actividades cotidianas con tal de que rápido pase el día, con tal de olvidar a lo largo del mismo lo que le hizo sufrir. No lo enfrenta, le da la vuelta y se fuga, desiste de luchar y evita impotente la confrontación (Alarcon 2015, Mobilli 2006, Estévez 2007).

Cuantas veces no se refugian en los brazos de quien los cobija, en el beso de quien mesuradamente se lo devuelve, en los oídos de quien decide escucharlos, donde las emociones tienen boleto de regreso y garantía de funcionalidad. Así la individualidad se apodera de los corazones más flácidos, de los corazones que han dejado de sentir y se han transformado en simples músculos que cumplen una función.

En la familia existe aún más la individualidad, es común observar a alguien que se siente mal en sus emociones y se abandona, lo dejan solo, sólo tocan una vez a su corazón; muy despacio, por miedo a enojarlo más, no buscan insistir, lo dejan en la penumbra, no se es capaz de llevarlo a la luz. Incluso denotan felicidad con el resto de la familia sin importar que haya alguien que no es capaz de estar bien consigo mismo y los demás.

EL SILENCIO DE LA SOLEDAD EN EL ADOLESCENTE

El adolescente puede humanamente retractarse y hacer que el orgullo deambule absorto entre el silencio y la indiferencia; puede sentirse avergonzado por tratar de mantenerse firme frente a la indiferencia cuantificable de los procesos de vida basados en el principio de rendimiento económico y puede sentir el peso de la existencia a través de la nostalgia que hace sucumbir las esperanzas de vida; y, entonces vuelve la soledad silenciosa, quien sigilosa permanece impávida frente a cualquier debilidad humana, pues sabe que tarde o temprano habrá algo o alguien que le hará sentir el peso existencial y con ello la posibilidad de pasar desapercibido en la inanición racional de lo eminentemente absurdo.

El adolescente puede manifestar a gritos sus deseos y su soledad, puede compartirlas, pero la ausencia las ignora en la intransigencia de las rivalidades, de los resentimientos y de las indiferencias vividas. Es exactamente en este espacio al vacío, lleno de absurdos, que Albert Camus (2004) referencia la actitud pusilánime de la cosificación de las relaciones humanas, donde se pierde la identidad de la vida, es aquí donde el adolescente no encuentra la razón de su existir, donde lo dejamos solo y nunca quisimos darnos cuenta de ello.

En estos espacios no puede más que sentir soledad, que bien puede determinarse por la falta de entrega a lo insustancial o al sin sentido, a la falta de sensibilidad, a la ausencia de amor, a los absurdos de la vida que hace que ésta sea agobiante y pesada; y sea perseguida con ahínco por el posesivo y abrasador deseo de lo inconquistable, de los sueños truncados y de los deseos insatisfechos, perdidos en la liviandad existencial. Por qué si la necesidad de amor es perceptible en su enojo y en su rabia, porque no abrazarla y hacerla sentir suya. Al menos por ese momento que recrea la posibilidad de estar, de sentir, de vivir, de percibir; pues todo se convierte en absurda indiferencia, en irrefrenable congoja, recriminación e indiferencia, pues así se pretende aniquilarla. Aun sabiendo que le hace falta, que es necesaria para la vida, para vivir, para sentirse vivo.

Esto es lo que hace un adolescente, toma la vida, la disfruta, pero no sabe en qué momento puede extraviarse, es aquí donde entramos nosotros, no es negando su vida, sino tratando de que la entienda y la haga suya. Hasta ese momento las estructuras de pensamiento imperante no involucran los valores; quizá, porque se han trastocado en otros valores y éstos son también hábitos que no responden a la integración familiar o social. La ética bajo esta perspectiva es un arte que debe ser cultivada a través del ejemplo y la enseñanza; a través de los hábitos y los ritos, y a este proceso se le llama educación.

EL LLAMADO PROBLEMA DE LA INGOBERNABILIDAD SOCIAL Y FAMILIAR DEL ADOLESCENTE

¿Qué hay atrás de la llamada rebeldía? Un sentimiento, una emoción, un pensamiento que refleja desacuerdos y que solo se valida en el actuar. En el llamado desacato social, la rebeldía es un conjunto de factores conductuales que implican; entre otras cosas, desacatar el orden, la regla, de estar en desacuerdo con alguien que no entiende que no estás de acuerdo, lo cual implica desatender lo que te piden y tiene una intencionalidad racional.

Tiene consecuencias la forma en que se actúa, se pretende incluso mostrarlo a través de conductas no deseables para el otro, a través de mohines, gesticulaciones, ademanes, arrebatos emocionales, argumentos razonados, conductas anticomunicables. Uno se rebela ante lo que no tiene razón de ser, ante la conducta que se convierte en una irracionalidad, en un vació convalidado por la falta de autoridad moral, ante los principios exentos, nulos o vacíos.

El adolescente se rebela ante las formas patriarcales en que se le impuso vivir, ante las formas omnipresentes que hacen de su libre albedrío un oprobio, ante las injusticias que develan la conducta absurda que vulnera los principios antropológicos de los seres humanos. Se opone a lo que implica en todo momento la vulneración de los principios éticos que dan razón a la existencia humana.

El adolescente se muestra altanero, huraño, desconfiado ante la fuerza que busca oprimir su sentido a la vida, no importando de donde venga: de papá, de mamá, del maestro, del cura, del policía, del presidente, del gobernador, de quien viniese; pero siempre aduciendo y encarando la hipocresía, la degradación, la ambición, la opresión, lo injusto, lo deshonesto, lo cobarde, lo prepotente, el maltrato y todos aquellos aspectos que reflejen la falta de ética, la falta de principios rectores de la vida. La falta de equilibrio entre lo que se dice y lo que se hace, entre el ser y del deber ser.

En la rebeldía se implícita el sentir, pero se integra la razón, los llamados procesos justificantes que dan forma y sentido a lo que percibimos y que pueda impedir nuestro desarrollo. La rebeldía se convierte en coraje, algunas veces devastadoras; otras, moderadas y la mayoría de las veces se reprime y la impotencia aflora, con todas las manifestaciones propias de la depresión contenida.

La rebeldía es en sí misma exponencial, siempre busca el cambio, da innumerables avisos, señales; y, está al acecho de los errores; está esperando la fisura para crear una crisis coyuntural. Se convierte en el máximo detractor de la inconsistencia o de los fallos. Duda de la certeza y de la convicción oficial, omite el respeto y vulnera la certeza, la menoscaba y la recrudece bajo los principios de la realidad. Aduce a lo evidente, a lo real; se recrea en la conceptualización y sistematización de los principios rectores que da lugar a una teoría axiológica.

La rebeldía es la madre de los grandes cambios sociales, es la manifestación pragmática de la razón, de los principios rectores de la moralidad, la legalidad, la institucionalidad, de lo absoluto, los dogmas, los paradigmas, de las ortodoxias, las injusticias, las desigualdades, de la incongruencia y la inconsistencia. El antecedente de la ingobernabilidad de un ciudadano, un hijo, un estudiante está precisamente en la rebeldía.

La lucha de las autoconciencias esta precisamente ahí, justo cuando dos entidades autónomas luchan a través de sus convicciones políticas, sociales o culturales, justo cuando dos culturas se encuentran y dos estructuras lógicas de pensamiento se enfrentan.

La manifestación más clara de un adolescente que está en lucha con todo y contra todos, es precisamente, la rebeldía, y su razón de ser es tan válida como su existencia. Confrontar a un adolescente implica tener capacidad de diálogo, de discusión, de cultivar la capacidad de disertación y reflexión ontológica. Es decir, dudar de la existencia de las cosas, de los valores, de las relaciones y tratar de ser un espíritu libre, libre de ortodoxias, dogmas y fanatismos.

Sin embargo, ¿en dónde recaen los límites de cada individuo?, ¿cómo se establecen los límites de la relación entre lo que es bueno y lo que es malo?, ¿cuándo este maniqueísmo se debe convertir en el motor del cambio y la transformación del individuo?, ¿en qué momento podemos determinar el equilibrio de la vida?, ¿cómo hacemos que las relaciones humanas sean capaces de no desmembrarse en una lucha estéril por la subjetividad de la razón?, ¿cómo logramos una armonía entre el ejercicio del poder y la construcción de una gobernabilidad equilibrada sin perder la autoridad?

EDUCACIÓN Y REDIMENSIONAMIENTO MORAL EN EL ADOLESCENTE

Los procesos de integración familiar de un adolescente son directamente proporcionales a las formas de integración social; esta integración estará condicionada por el redimensionamiento moral que un adolescente experimente. El hombre es un ser social por naturaleza, sus formas de organización dependen directa o indirectamente de la capacidad que se tenga para vivir en sociedad. Un joven crece y se desarrolla en familia con esquemas conceptuales que le hacen sobrevivir dentro de dicho ambiente; cuando el joven se integra a la sociedad sus esquemas empiezan a colapsarse y entran en crisis existenciales entre lo que se es, lo que debe ser y lo que se desea ser. A pesar de los procesos de adaptación social que todo individuo vive, las crisis tienen etapas de readaptación y cambio.

En un inicio, ante los cambios, muestran sorpresa, expectación, temor, negación, resignación y hasta cierto punto, entendimiento. Los periodos de crisis son tan comunes como un refresco de cola, ya que la intención de un redimensionamiento moral no es la ausencia de crisis, sino la redimensión de estas, proceso cuya finalidad es la reestructuración sociocultural de donde se vive y el cómo desea convivir.

Asimismo, existen esferas de comportamiento social que determinan las condiciones afectivas e intelectuales de los adolescentes y estas esferas son potencialmente influenciables; podemos considerar entre ellas a la iglesia, la escuela, la familia, los medios de difusión masiva (radio, televisión, revistas, periódicos, redes sociales, internet, etcétera), los grupos de amigos que se encuentran en la calle, en el barrio, en la colonia, entre otros. Son grupos sociales que ocupan espacios geográficos y despliegan hábitos de comunicación conductual que se exportan de un lugar a otro, desarrollando en los adolescentes crisis de identidad social, choques y desacuerdos entre formas esquemáticas de vida dependiendo de su lugar de origen.

Ahora bien, este tipo de choques y desacuerdos que se manifiestan en un descontrol conductual que se vive en los adolescentes, normalmente se da en la familia y se continúa en la escuela, ya que es la institución educativa un espacio heterogéneo de convivencia social, donde coexisten más de la mitad del día y que a más de las veces genera en los jóvenes actitudes de supervivencia, aunados a una intolerancia que puede ir en deterioro de las formas idiosincrásicas de vida de los otros.

Bajo estos parámetros, pero no sujetos a la especulación sociológica, podemos decir, que un adolescente es capaz de desarrollar a lo largo de su formación personal un proceso de adaptación social para integrarse a condiciones socioculturales disímiles de su entorno de origen. A este proceso le denominaré redimensionamiento moral, ello no implica la enajenación de su conciencia, ya que permite de esta forma, aprender a conciliar lo que quieren con lo que la sociedad les ofrece y les demanda. En la medida en que los adolescentes adquieran conocimientos desarrollarán capacidades y actitudes acordes al condicionamiento social, formando criterios que los haga capaces de aportar beneficios al bienestar colectivo, de esta manera estarán en mejores condiciones para desarrollarse en libertad y transformar su sociedad.

En conjunto, podemos decir, que la idea general de un redimensionamiento moral está en función de la capacidad que adopten los adolescentes al cambio y a los procesos de adaptación colectiva; y, que solo serán logrados siempre y cuando los padres de familia conozcan el proceso del redimensionamiento moral como estrategia de integración y reafirmación de los roles que cada adolescente debe jugar en las diferentes esferas de vida en que se desarrolle, cumpliendo con disciplina en cada uno de ellos y siendo conscientes de ese proceso. Comportarse de manera contraria implicaría marginarse social, económica, política y culturalmente.

En el transcurso de esta codependencia social se deberá dialogar y discutir los paradigmas culturales para que sean capaces de ubicarse en el redimensionamiento de las condiciones morales en que se vive y se pueda orientar sus procesos conductuales, en la medida en que sea capaz de salvar las contradicciones entre la enseñanza familiar, escolar y las formas de vida práctica del mismo, aprenderá a ver que la lucha ideológica y las crisis existenciales son procesos normales de adaptación en las esferas sociales en las que se va a desenvolver.

Con ello reafirmamos el hecho de que en un proceso de redimensionamiento moral no es para negar la identidad del adolescente, ni la voz del mismo, ni sus palabras o actos, sino que se trata de que tomen conciencia de lo que son y de lo que quieren ser, aprendiendo a ser lo que en su momento les demanda la sociedad. Es decir, para todo hay un lugar y un espacio para actuar o ser.

EL LENGUAJE EN LA ADOLESCENCIA Y SU TRANSFORMACIÓN EN EL REDIMENSIONAMIENTO MORAL

El lenguaje es un conjunto de sonidos articulados con el que el hombre manifiesta lo que piensa o siente, la forma en que lo manifieste es indistinto, en realidad el lenguaje puede manifestarse en distintas formas ya sea connotativa o peyorativa, su finalidad es comunicarse (Ávila, 1990).

El lenguaje bajo esta perspectiva puede mostrarse de manera oral, escrita, pictográfica, mímica, etcétera; pero el sentido de esta es determinado por el rol que juegan los grupos humanos en los procesos comunicativos. Por ejemplo: si ubicamos geográficamente las posiciones dialectales o lingüísticas de diferentes zonas, podemos observar que las connotaciones semánticas que se emplean en zonas geográficas, como Tepito o en la Merced (colonia de comerciantes de la Ciudad de México), son disímiles a las que se emplean en Polanco o Coyoacán (colonias residenciales de la Ciudad de México); o, las que se usan en un complejo habitacional en zonas urbanas o conurbadas; o en una casa de cartón de las zonas marginadas productoras de tabique rojo; o, las que ocupa un campesino en la zona rural o un obrero en zonas industriales o la de las comunidades autóctonas que existen a lo largo y ancho de la república mexicana.

Estas diferencias que los economistas y sociólogos distinguen, por la posición de las personas en una distribución social de la riqueza, pueden denotar una similitud entre las formas que se utilizan en las calles y su correspondiente uso en las familias y las escuelas, pues el lenguaje en este sentido también se exporta. En realidad, el uso de lenguaje es corresponsable con los aspectos conductuales de los individuos, que a más de las veces es inconsciente e inconsecuente. Hablamos inequívocamente de los usos de los lenguajes conforme al rol que utiliza el individuo en determinado grupo social y situación geográfica (Salinas 1967).

El lenguaje bajo esta perspectiva es una variable dependiente que se emula conforme al redimensionamiento moral y este puede ser negativo o positivo. Negativo cuando se adoptan formas incomunicables que rompen la estructura lingüística, fonética y gramatical de las palabras y con ello la posible convivencia social; y, positiva cuando incide de manera asertiva en la reconstrucción conceptual del pensamiento y el lenguaje en beneficio de quienes estén departiendo ese momento. Ambos sirven como medio de supervivencia social, ya que los adolescentes aprenden a actuar conforme a las condiciones socio históricas de su entorno, siempre y cuando adquieran conciencia de sí mismos, de lo que son y hacía donde se dirigen.

Es decir, el problema de la conducta no es lo que se hace, sino en dónde se hace, cómo se hace y porqué se hace. Porque hay jóvenes que presentan ciertos comportamientos que son llamados antisociales para cierto grupo social, como la escuela, pero estos mismos comportamientos son los que les permite sobrevivir en la calle. Ambos, son insostenibles en la casa. ¿Quién determina el uso correcto o incorrecto del mismo?, y, ¿a quién se va a castigar o a reprimir? Ese tipo de situaciones existenciales son las que llegan a marginar al adolescente, pues con nadie queda bien. Al obligarlo a decidir con quién hacerlo y con quién no, corre el grave riesgo de perder lo otro, y lo otro es precisamente la madre o el padre, el amigo o amiga, la novia o el novio, la escuela o el trabajo.

NOCIONES SOBRE EL EJERCICIO DEL PODER EN EL ADOLESCENTE

Nunca dudar de la autoridad que se tiene como preceptor o maestro, ni como padre o madre, si bien es cierto que hay dudas respecto a ser padre o madre, también es cierto que no existe escuela para ello, dudar de la autoridad que se tiene es sinónimo de anarquía y la autogestión es un proceso a largo plazo que se debe ir cultivando al parejo que las responsabilidades. Lo importante de detentar un poder con estas características es que debemos considerar y tener conciencia de la administración de esta.

Las relaciones humanas son relaciones de poder, el ejercicio del poder es la capacidad que se tiene para imponer nuestra facultad de dominio y la voluntad de un individuo sobre otro. Tenemos dos formas de hacerlo: por persuasión y por coerción, la primera hace alusión al uso de la razón y se explica en forma detallada la intención de la orden a ejecutar tratando de hacerle entender mediante argumentos lógicos proposicionales o través de la sugestión o mediante mensajes subliminales el objeto de la orden; y la segunda, cuando se hace uso de la imposición y de la fuerza, castigo o represión física o verbal para imponer la voluntad o la decisión de la autoridad que determina esa orden. Ambos procesos se utilizan de acuerdo con las consideraciones pertinentes y las situaciones de relación de poder que se hayan establecido entre todos y cada uno de los integrantes del grupo social existente. Dependiendo de que se busque fomentar en la relación existente, se determinará el objeto del ejercicio del poder, entre el adiestramiento, la instrucción o la educación. Es lo que comúnmente conocemos como el "estira y afloja" de los abuelos, cuando decidían poner límites a nuestras acciones. ¿Cómo encontrar este equilibrio en el adolescente de la postmodernidad?

Ese equilibrio es subjetivo, cada ser humano debe ser consciente y tener conocimiento de sí mismo, esto significa que todos y cada uno de nosotros debemos establecernos límites. Los límites determinan la libertad de uno y el derecho del otro. Este acuerdo de convivencia social sólo es posible cuando se establecen relaciones empáticas entre los integrantes del grupo, de tal forma que todos y cada uno de ellos debe aceptar lo que el otro es, si no lo entendemos es porque desconocemos la estructura lógica de pensamiento de la otra persona.

Debemos ser capaces de comunicarnos y trabajar el circuito del habla clásico: emisor-mensaje-oyente, asimismo, muchos comunicólogos han incluido en dicho circuito también: el canal, el contexto, el código; lo cual no deja de ser fundamental. Sin embargo, es muy importante la estructura lógica de pensamiento del emisor y del receptor. Muchos problemas de comunicación se dan porque no somos capaces de escuchar y tratar de entender la lógica en la que está inserta una idea, un concepto, etcétera (Kant, 1981).

Entender lo que me expresa alguien es contextualizar, decodificar el código lingüístico e interpretar la intención connotativa y peyorativa de la palabra, comprender su jerga lingüística, asimilar su cultura y sobre todo su idiosincrasia. Tratar de ver qué lado o ángulo de un objeto está viendo, porque lo más seguro es que usted y yo veamos el otro lado o ángulo, algo que nuestro adolescente no ve y lo que él ve nosotros no lo estamos viendo.

Cuando una pareja de esposos se pelea, atrás de ellos hay muchas personas, muchas ideas que les dieron forma y vida a su relación, son el encuentro de dos culturas que no han buscado ser entendidos. Es como el encuentro de dos mundos, de dos paradigmas, de dos formas de concebir e interpretar el mundo. ¿Qué pasa cuando el hijo adolescente también quiere expresar lo que piensa y siente? Qué, además de ser dos personas en confrontación cultural, surge una tercera que cuestiona y hace dudar de la intencionalidad de uno y otro; y, se percibe agresión en las estructuras lógicas de pensamiento.

Cuando hablamos de dialogar, hablamos de disertar, de exponer la lógica de nuestras proposiciones y ver los posibles criterios de verdad; a pesar de que siempre existirán riesgos de perder los fundamentos de lo que hasta ese momento hemos sido. Hay criterios que siempre consideramos correctos hasta que alguien con una cultura y una forma de ver la vida distinta transforma nuestro pensamiento. John Stuart Mill (2006), en su ensayo Sobre la Libertad hacía énfasis en la posibilidad de transformar el pensamiento de sí mismo, en la medida en que fuésemos persuadidos de lo contrario.

Por otra parte, Hegel (1998), en la lucha de las autoconciencias expresa que negar la razón de una conciencia es negar la verdad de la otra conciencia y con ello negamos la existencia del mismo. Cuando omitimos la opinión del otro, que incluso puede ser la del mismo adolescente, lo que hacemos es aniquilar su razón de ser. Es esta dualidad de lucha de contrarios lo que determina la posibilidad de romper esquemas y fundamentalismos, es lo que permite transformar estructuras mentales y llevar a un estado superior los procesos complejos de pensamiento a través de lo que Vigotsky (2010) denominó "mediación semiótica".

Las relaciones de poder deben ser flexibles y una vez acordadas inflexibles para el efecto considerado. Deben ser generadas en los jóvenes por la edad, ya que ésta determina madurez fisiológica, anatómica y psicológica; sin embargo, si existiese lo contrario se debe tomar en función no de quien deberá detentar un poder implacable y absoluto en una microfísica del poder, como planteaba Michel Foucault (1980), sino como la posibilidad de encontrar acuerdos de convivencia social, donde los integrantes sean corresponsables y cuiden ese espacio de poder y acción, proceso que se fortalecerá con la autogestión, pues seriamos conscientes del poder que todos detentamos y del que todos hacemos uso.

Un ejemplo común es cuando queremos repartir un pastel entre cuatro, cinco o más integrantes. Al repartirse el pastel, todo el mundo quiere su rebanada y todo mundo exige su porción y si se llega al caos, entonces en ese momento, se hace caso omiso de las llamadas de atención y se empiezan a aventar unos a otros. ¿Qué es lo idóneo aquí?, ¿cómo organizaríamos un ejercicio que permita la armonía y la comprensión de los participantes?, de acuerdo con estas sentencias, ¿con cuál empezarías? Indudablemente, se tendría que elegir, dependiendo lo que se decida determinará la condición de administración en el ejercicio del poder.

1. Primero papá, luego el hermano más grande y después todos los demás, al

último la mamá.

2. Primero papá, luego los hombres y por último las mujeres.

3. Primero la mamá, luego las mujeres y al último los hombres.

4. Primero los niños, luego papá y por último los demás.

5. Primero el más pequeño, luego el que sigue en edad; y, así sucesivamente.

¿Cuál es el mejor criterio para repartir un pedazo de pastel? Independientemente de la cuál escojan, seguramente será en función de la cultura, de los roles y de quién detenta el poder. La realidad es que no hay una norma que regule el ejercicio del poder, lo que sí existe son criterios ontológicos y éstos se establecen por los principios éticos y filosóficos que a lo largo de la historia de la humanidad se han determinado como parte de los derechos naturales y universales del hombre. De tal forma que la respuesta a este criterio y que orientará esta acción sería la última, el cuidado y la procuración social siempre debe de ir en cascada. Los más fuertes protegen a los más débiles; aquí si entrara una regla: la darwiniana. La ley del más fuerte siempre será la del más apto, pero esta implicación es como género, lo cual significa cuidar y procurar al más pequeño, porque es un principio de supervivencia natural y social.

NOCIONES SOBRE LA CAPACIDAD DE AUTOGESTIÓN EN EL ADOLESCENTE

La autogestión, tal y como se sobreentiende en Mijaíl Bakunin (2004), es la capacidad de los individuos para autogobernarse, para ser capaces de ser espíritus libres, capaces de aprender a ser sin necesidad de una autoridad de facto, capaces de imaginarse una vida sin Dios, sin Estado, sin escuela, sin autoridad parental, para que entonces seamos aptos de autogestionarnos y no esperar el castigo de actuar en contra de estas entidades ideales y concretas. Que la única entidad a la cual se debe uno, es a la de sí mismo.

1. Sin Dios para ser capaces de ver la vida sin esperar el castigo de un ser celestial, debemos actuar por convicción y siempre en un estado de perfecciona-

miento continuo, siempre buscando respetar los derechos naturales y universales del ser humano. (Kant, 2009)

2. Sin Estado, para que la vida sea regulada a través de la razón, capaces de convivir en un marco de respeto, conscientes del marco jurídico y social en el que se desenvuelven. Donde los derechos de identidad de cada ciudadano sean respetados por todos y cada uno en una sociedad eminentemente cosmopolita, por que entre más seres humanos seamos coexistiendo en un espacio geográfico determinado, mejores prácticas de respeto y paciencia conciudadana se deben tener. Capaces de respetar sin necesidad de símbolos, sonidos, personas o algún poder de facto sustentado en fetiches y que este implícito en una razón coexistencial; y que esta no se vea tentado a vulnerar lo invulnerable. La racionalidad instrumental obsesiva de los marcos jurídicos y políticos, tarde o temprano llevará a la descomposición social. El ser humano debe ser autoregulable en su conducta social, no deben existir leyes que vayan más allá del sentido de la justicia. Hay que recordar que los grandes males de la humanidad es el exterminio de las razas, entendiendo éstas por la institucionalización moralizante de un grupo político en el

poder.

3. Sin Escuela, para que sea capaz de estudiar y prepararse sin necesidad de recibir un papel o una calificación o que el conocimiento sea condicionado por un documento que avale lo que se sabe. Capaces de ser autodidactas, de buscar información para satisfacer sus necesidades intelectuales y resolver los problemas de la vida. Considerar los procesos de educación e instrucción como la capacidad de adquirir el conocimiento de una ciencia o un arte; y poder servir y vivir a través de ella.

4. Sin autoridad parental, para que pueda entenderse que el acto de la supervivencia es un acto verdaderamente inconmensurable; no dependiente sino autogestivo, donde se es capaz de aceptar y aprender día con día nuevos conocimientos, nuevos procesos que el día de mañana se convertirán en preciados tesoros que ayudarán a ser un buen padre, una buena madre o un buen ciudadano; así como, un estudiante o trabajador responsable.

Estos supuestos de la autogestión tienen la finalidad de romper dogmas, ortodoxias y fundamentalismos ideológicos, y darle un sentido más abierto a la educación y a la formación del individuo, para educarse en un estado de libertad. No es con la finalidad de distanciarse de una creencia, es liberar a la creencia de toda responsabilidad y darle al individuo la certeza de sus acciones y decisiones. Porque en la vida, las expresiones: "Dios así lo quiso", o "Mis padres me obligaron y yo no quería" o "El Estado me reprime o castiga", o "El profesor me dejó tarea y por eso la tengo que hacer", son acciones que en cada ámbito de vida son decisiones individuales; por ello, el ejercicio de la libertad está sustentada en esa soberanía que cada individuo tiene de sí mismo, como planteó Jean Bodin (1990), cuando tomamos una decisión debemos entender que es un acto sustentado en la libertad de elección, es un acto contractual, como sugirió Juan Jacobo Rousseau (1982); donde se buscan individuos capaces de tomar decisiones y que busquen lo que es común para la familia o el grupo social en el que se encuentren y sean corresponsables con sus actos. Porque también a este acto de decisión y corresponsabilidad se le llama sabiduría, compromiso social y educación.

NOCIONES SOBRE EL EJERCICIO DEL PENSAR EN EL ADOLESCENTE

Considerar a la disertación como la capacidad que tiene un individuo para exponer sus ideas a la crítica, sin menoscabo de su autoestima, donde el conflicto y la comunicación entre dos o más seres humanos sean parte integral de nuestras relaciones sociales, esto implica un proceso de introspección psicoanalítica en donde ubiquemos quienes somos y como fuimos educados, y que al exponer nuestras ideas a la crítica siempre estemos expuestos a la confrontación ideológica de una estructura lógica de pensamiento diferente al de nosotros. Este proceso permitirá entender que el problema de un adolescente también es nuestro problema, que las contradicciones que ellos presentan son también nuestras contradicciones y serán superadas una vez que nos sentemos a dialogar, discutir y disertar sobre las diferencias existenciales que a cada cual compete.

Para ello, será necesario entender la estructura psicoanalítica y explicarles a nuestros hijos que el poder de decisión es de ellos, que la libertad siempre la han tenido; y, a pesar de que Freud (1986) fue duramente criticado a lo largo de este tiempo, su esquema del psicoanálisis del "súper yo", "el yo" y "el ello", ha sido de mucha ayuda al tratar de entender y encauzar la conducta de mis alumnos y a los mismos padres de familia. Así mismo, los escritos de Albert Camus me han ayudado a entender cómo las decisiones van precedidas de un pensamiento que, a más de las veces, aparece sin sentido y se convierte en absurdos de la vida, pero estos absurdos son tan poderosos que basta una palabra para tomar decisiones que pueden ayudarnos a vivir o a morir; y, son decisiones naturales en la relación de una familia ausente de amor y comunicación, donde todo es cumplir, y ese estado es lo que David Cooper (1980) llamó "disciplina de retrete".

He tenido noticias de jóvenes que deciden dejar de estudiar solo por el hecho de contrariar a alguien de su familia. También me han comentado situaciones donde un joven estuvo a punto de quitarse la vida sólo por el hecho de haber sido regañado a gritos por reprobar un examen o irse de la casa sólo para mostrar autosuficiencia y rebelarse contra la autoridad paterna. Esto me recuerda a la disertación que realizo Karel Kosik (1967) donde demostraba cómo las relaciones humanas se cosificaban; es decir, existe una relación implícita en que se le atribuye más valor a las cosas, bienes o proyectos personales que a los seres queridos, llámese esposa, esposo, hijo o hija, madre o padre. Este proceso no tan solo se aplica a los valores de los bienes, sino a la misma dinámica social donde empeñados en el bienestar económico o en la sobrevivencia de este, dedicamos todo el tiempo a estas necesidades y olvidamos cultivar las relaciones humanas.

Uno de los valores más relegados en el sistema de capital es precisamente el amor y este valor se construye o se destruye en presencia o ausencia de los ritos que se establecen entre los seres queridos, éstos ritos son los que olvidamos cultivar y son los más desvalorizados por la relaciones sociales en el libre mercado, algo que para Erick Fromm (2003) era muy importante en la disertación que hizo en su libro el "Arte de Amar", donde el amor es un valor tan importante o más que cualquier doctorado en ciencias, ya que si lo cultiváramos como tal, otro tipo de seres humanos seríamos, ¿qué hacemos entonces?

Debemos platicar, dialogar, debatir, expresar sin mesura nuestro pensar y nuestro sentir, aprender a explicarnos y hablar con la verdad, como plantea Noam Chomsky (2012), hacer que nuestros jóvenes sean seres humanos capaces de disertar con nosotros, de discutir las ideas con el corazón en la mano. ¿Cuáles ideas? Aquellas que tienen que ver con la razón de ser, tanto de los padres como de los jóvenes. Recordemos que una discusión entre padres e hijos es una discusión generacional, son dos culturas distintas a pesar de vivir en el mismo lugar, que llega un momento en el cuál los jóvenes son seres con potencialidades intelectuales y físicas iguales o mejores que las nuestras, que debemos aprender los adultos a escuchar y los adolescentes a hablar.

NOCIONES SOBRE EL ORIGEN MULTIFACTORIAL DE LA PERSONALIDAD DEL ADOLESCENTE

Los problemas de la vida siempre serán multifactoriales, no existe una sola razón que determine la conducta antisocial del adolescente, debemos aprender que las necesidades de los adolescentes al igual que las nuestras son diversas. A lo largo de la vida, he observado al menos cuatro necesidades fundamentales en el adolescente:

1. Psicológicas: son producto de las crisis existenciales y necesitan el equilibrio, lo buscan incansablemente, pero no encuentran las razones que justifiquen sus decisiones, tienen arrebatos de incomprensión ante la autoridad moral, la desconocen por el sentimiento de abandono al sentirse solos e incomprendidos. La lucha que existe entre el ser y

el no ser, es una lucha subjetiva entre dos entidades psíquicas "el súper yo" y "el ello". Por lo tanto, es importante que sepan identificar quién está atrás de esta entidad que es el "súper yo" y que se presenta ante él como autoridad moral. Así como identificar quién está atrás del "ello" y le invita a relajarse en un estado de liviandad existencial y tener una vida hedónica.

2. Emocionales: son el reflejo de las contradicciones existenciales entre el "super yo" y el "ello". Son las manifestaciones nerviosas de la tensión muscular y del aumento del torrente sanguíneo. Se presenta ante ellos como inquietud nerviosa y preocupación intensa; se vuelven obsesivos en sus demostraciones de amor y comprensión, dan todo de sí mismos, aunque vaya de por medio su integridad física o psicológica, son entregados en cuerpo y alma. Son el reflejo del complejo de Romeo y Julieta.

3. Sexuales: viven con toda intensidad sus sensaciones que están a flor de piel, si se detienen no es porque no lo sientan sino porque han sido reprimidos en su sentir, se han visto obligados a no manifestarse, a mantenerse ajenos e indiferentes por miedo a la represión y a la censura. Los seres humanos somos seres sexuados, el órgano más grande del placer es la piel. ¿Por qué un adolescente debería no sentir?, ¿sólo porque esta pequeño? La sexualidad es un derecho reprimido que debe entenderse con toda la plenitud y conciencia posible.

4. Intelectuales: buscan la razón, la verdad, la igualdad, la libertad, la fraternidad y el amor. Todos, valores universales por los que la historia de la humanidad se ha desgastado en guerras devastadoras. ¿Porque habríamos de pensar que un adolescente no está dispuesto a entregar su vida por lo que piensa?

NOCIONES SOBRE EL ORIGEN DE LA PESADUMBRE EXISTENCIAL EN EL ADOLESCENTE

La cultura que impera en nuestra idiosincrasia es necrofílica, todo se encamina en un culto hacia la muerte, estamos llenos de tragedias humanas; nuestras historias, son casi siempre historias de traición, engaño, fracaso, mentira, soborno y muerte. En las canciones, las películas, los programas televisivos, las noticias en las radiofrecuencias y en la prensa, los cultos, etcétera; en todos estos espacios siempre aparece esta cultura necrofílica. Debemos por tanto cultivar una cultura biofílica que rompa los esquemas de desaliento, de desesperanza, de dolor y de impotencia. Debemos hacer que nuestros jóvenes adolescentes vean la vida con el mismo brillo de sus ojos con que empezaron la misma, no importa los obstáculos que se presenten, no importa los equívocos, no importa los absurdos y difíciles que parezcan los retos, no importa cuál lejano se vea el horizonte. Siempre se debe de tener una cultura llena de vida, fuerte, desafiante, íntegra. Nosotros los padres y maestros, debemos enseñarles lo que no hemos sido capaces de sentir: "dignidad y amor por la vida".

NOCIONES SOBRE EL ORIGEN DEL CINISMO, MENTIRA Y COMUNICACIÓN Y SU IMPACTO EN EL ADOLESCENTE

Debemos enseñar que la mentira es un acto de simulación conductual que denota inseguridad y falta de autoestima en el adolescente, que los seres humanos a través de la historia lo han cultivado como uno de los antivalores más redituables, pero que, a la larga, son sinónimos de pesadumbre existencial y corrupción espiritual.

El hombre se ha acostumbrado a mentir hasta volverse cínico, cada que lo hace se niega a sí mismo, miente porque tiene miedo a la represión, al castigo, a la censura o a cualquier acción que atente contra su seguridad e integridad física y psicológica, es un acto involuntario que se desprende de una autoestima deteriorada por la apariencia.

El adolescente busca la conformación de una identidad y ésta se ve condicionada por las circunstancias culturales en las que se desenvuelve, la mayoría de las veces vive bajo un escrutinio permanente de los mayores y eso implica un recelo ante la presencia omnipotente de quien detenta el poder y con ello la posibilidad de mentir. A efecto de no evidenciarse, se resguarda en la penumbra de su silencio, de su soledad e indiferencia.

En esa circunstancia y soy reiterativo, se debe de aprender a escuchar, a crear procesos de comunicación y disertación, a tratar de cerrar la brecha generacional, sustentados en los criterios de verdad y en el análisis de las estructuras proposicionales que se recrudecen con cada palabra que se expresa y en cada declaración que se manifiesta, haciendo que este hecho no inhiba nuestros procesos de comunicación, sino que al contrario los incentive y seamos capaces de ver en el diálogo y la discusión la posibilidad de superar fundamentalismos ideológicos y esquemas de pensamiento, que más que contribuir a la comunicación, muchas veces la obstaculiza.

La comunicación es un acto libre y voluntario entre los seres humanos; y, tiene como noble finalidad el entendimiento entre dos o más personas cuyos fines son comunes al bienestar de todos.

CONSIDERACIONES FINALES Y LA IMPORTANCIA DE LA EDUCACIÓN EN LA ADOLESCENCIA

La formación de un ciudadano esta determinado por cuatro entidades de carácter institucional, como ya se mencionó en líneas anteriores: el Estado, la Religión, la Familia y la Escuela. Éstas, están en función de la capacidad que tiene el individuo para integrarse y adaptarse a los requerimientos de los imperativos categóricos morales de la sociedad a que se pertenezca, pero responde de manera primaria a los actos de supervivencia circunstancial y a los procesos de adaptación conforme a la selección natural y social, donde los impulsos nativos se pueden integrar y clasificar en la triada instinto, pulsión y razón, determinando las condiciones de aprendizaje a través del adiestramiento, la instrucción y la educación. Es decir, las condiciones de enseñanza del ser humano están en función de las capacidades que lleguen a desarrollar en su proceso de formación integral, que va desde el nacimiento hasta su muerte. Sin menoscabar en ese sentido todas las condiciones posibles de aprendizaje y de socialización del aprendizaje.

En el caso del adolescente, por ser un sujeto social en constante transformación, es menester considerar el movimiento como una categoría implícita en la conformación de su carácter y de su conciencia, pues son entes en continuo cambio y adaptación social. Uno de los principales problemas coexistenciales, es indudablemente negar el cambio y considerar el carácter del adolescente como un problema que se ve cosificado en la rebeldía manifiesta.

El adolescente al igual que cualquier otro ser humano vive la neurosis en toda su plenitud, considerando la neurosis como esa capacidad de conflicto que se tiene, bajo la perspectiva psicoanalítica freudiana, en la psique entre el super yo, el yo y el ello. La lucha de estas tres entidades psíquicas determina el conflicto y la solución de este. Cuando no existe una solución a dicha neurosis deviene en sí una posible psicosis, la cual indudablemente requiere de más atención. Sin embargo, un ser sano, es un ser neurótico, pues vive dialécticamente en crisis existencialistas, entre el ser, el no ser y el llegar a ser. El problema que tenemos como entes sociales, es precisamente, no entender el conflicto como algo natural y dialécticamente necesario e imprescindible para la vida.

Educar es generar la capacidad de disertación, reflexión y análisis en los individuos, es dotarlos de los instrumentos teóricos conceptuales y lógicos del pensamiento científico, es traspasar las barreras del pensamiento inmediato y cotidiano y exacerbar la capacidad del intelecto para fomentar un pensamiento eminentemente revolucionario e intelectual. El adolescente es un ser potencial para ello.

El adolescente se ha percatado y ha tomado conciencia, en la mayoría de los casos, de las contradicciones coexistenciales que existen en la familia, en el Estado, en la religión, en las escuelas y en la sociedad en general. Ha percibido cuan drástica es la falsedad de la vida y de como ha sido cínica y controvertida entre el discurso educativo, político y cultural del deber ser y la realidad social que vive día a día. Lo que busca es encontrar el sentido de la misma y cual es el papel histórico que deviene consigo mismo; sin embargo, en la mayoría de las ocasiones sucumbe ante la aplastante realidad.

Démosle la posibilidad de ser.

BIBLIOGRAFÍA

Aristóteles (2006). Ética Nicomaquea. Madrid: Mestas, 3a ed.

Ausubel David P., Joseph D. Novak y Helen Hanesian (1983). Psicología educativa: un punto de vista cognositivo. México: Trillas, 2a ed.

Bachelard Gaston (2007). La formación del espíritu científico. México: Siglo XXI, 26ed.

Bobbio Norberto y Michelangelo Bovero (2005). Política y derecho. México: Siglo Veintiuno, 1a ed.

Camus Albert (2004). El mito de Sísifo. Buenos Aires: Losada, 1a ed.

Caruso Igor A. (2007). La separación de los amantes: una fenomenología de la muerte. México: Siglo XXI, 27a ed.

Cerroni Umberto (2008). Introducción al pensamiento político. México: Siglo Veintiuno, 28 ed.

Chomsky Noam (2012). La (des)educación. Barcelona: Crítica, 1a ed.

Cioran E. M. (1990). La tentación de existir. Buenos Aires: Taurus.

Comte (2006). La filosofía positiva. México: Porrúa, 10a ed.

Cooper David (1980). La gramática de la vida. Barcelona: Ariel.

Cooper David (1980). La muerte de la familia. Barcelona: Ariel.

De Unamuno Miguel (2008). Del sentimiento trágico de la vida Buenos Aires: Losada, 1a ed.

Descartes Rene (2006). Discurso del método: meditaciones metafísicas. México: Porrúa.

Dobb Maurice (2005). Estudios sobre el desarrollo del capitalismo. México: Siglo XXI, 27a ed.

Ducrot Oswald y Tzvetan Todorov (2006). Diccionario enciclopédico de las ciencias del lenguaje. México: Siglo XXI, 24a ed.

Engels Friedrich (2001). El origen de la familia: la propiedad privada y el Estado. México: Colofón, 1a ed.

Foucault Michel (1980). Microfísica del poder. España: Ediciones de la Piqueta, 2a ed.

Freud Sigmund (1986). Esquema del psicoanálisis. México: Paidós.

Fromm Erich (1993). El miedo a la libertad. Barcelona: Planeta-Agostini.

Fromm Erich (2003). El arte de amar : una investigación sobre la naturaleza del amor. México: Paidós Mexicana, 1a ed.

Gardner Howard (2001). Estructuras de la mente. Colombia: Fondo de Cultura Económica, 6a ed

González Casanova Pablo (1967). La democracia en México. México: Era, 2a ed.

González Mariano (2000). La competitividad entre los niños. España: Edimat libros.

Gordillo José (1992). Lo que el niño enseña al hombre. México: Trillas, 3a ed.

Gramsci Antonio (1977). Maquiavelo y Lenin. México: Diógenes, 3a ed.

Gutiérrez Sáenz Raúl (1982). Introducción a la ética. México: Esfinge.

Hegel George Friedrich (1998). Filosofía del derecho. México: UNAM.

Heilbroner Robert L. (1989). Naturaleza y lógica del capitalismo. México: Siglo veintiuno editores, 1a ed.

Heimlich Joan E. y Susan D. Pittelman (2001). Elaboración de mapas semánticos como estrategia de aprendizaje : aplicaciones para el salón de clases. México: Trillas.

Kant Manuel (1981). Lógica: introducción al estudio de la filosofía. México: Editora Nacional

Kant Manuel (2012). Crítica a la razón pura. México: Porrúa, 15a ed.

Kosik Karel (1967). Dialéctica de lo concreto. México: Grijalbo

Latapi Sarre Pablo (2003). El debate sobre los valores en la escuela mexicana. México: Fondo de Cultura Económica, 1a ed

Lenin V. I. (1992). El imperialismo, fase superior del capitalismo. México: Quinto sol.

Locke John (2008). Ensayo sobre el gobierno civil. México: Porrúa, 5a ed.

Lukács Gyorgy (1969). Historia y conciencia de clase. México: Grijalbo.

Makarenko A. (1973). Problemas de la educación escolar. Moscú: Editorial progreso

Maquiavelo Nicolás (2010). El príncipe. México: Alianza, 3a ed.

Marcuse Herbert (1987). El hombre unidimensional: ensayo sobre la ideología de la sociedad industrial avanzada. Barcelona: Ariel, 2a ed.

Marx Carlos y Engels Friedrich (1970). El capital visto por su autor. México: Grijalbo

Marx Carlos y Engels Friedrich (1970). Tesis sobre Feuerbach y otros escritos filosóficos. México: Grijalbo.

Morin Edgar (2010). La mente bien ordenada. Barcelona: Seix Barral, 1a ed. Nietzsche Friedrich (2000). Obras selectas. España: Edimat libros.

Páramo Raúl (1982). Sentimiento de culpa y prestigio revolucionario. México: Martín Casillas editores.

Piaget Jean y Bärbel Inhelde (2007). Psicología del niño. Madrid: Morata, 17a ed. Platón (2012). Diálogos. México: Porrúa, 32a ed

Ponce Anibal (2010). Educación y Luchas de Clases. 1a ed. Buenos Aires: Imago Mundi

Rousseau Juan Jacobo (1982). Emilio o de la educación. México: Porrúa.

Rousseau Juan Jacobo (2012). El contrato social o principios de derecho político. México: Porrúa, 17a ed

Salinas Pedro (1967). El defensor. España: Alianza editorial

Santillana Aula (1995). Diccionario de las ciencias de la educación. España: Santillana

Sartori Giovanni (2002). La política : lógica y método en las ciencias sociales. México: Fondo de

Cultura Económica, 3a ed.

Saussure Ferdinand (1945). Curso de Lingüística General. Argentina: Losada.

Savater Fernando (2011). Ética para amador. México: Ariel.

Schaff Adam (1974). Historia y verdad. México: Grijalbo,

Silva Ludovico (1979). La alienación en el joven Marx : ensayos. México: Editorial Nuestro Tiempo, 1a ed.

Stuart Mill John (2006). Sobre la libertad. Madrid: Alianza.

Urban Wilbur Marshall (1979). Lenguaje y realidad: la filosofía del lenguaje y los principios del simbolismo. México: Fondo de cultura económica

Vygotsky Lev (2010). Pensamiento y lenguaje. Barcelona: Paidós, 1a ed.

Weber Max (2004). El político y el científico. México: Colofón, 6a ed.

❖ ❖ ❖

ACERCA DEL AUTOR

José Macario López Balderas, Profesor de Educación Media Básica, nació en Veracruz, México, en el año de 1968, estudió la Licenciatura en Educación Media Básica con la Especialidad en Español por la Escuela Normal Superior FEP, en la Ciudad de México. Actualmente es pasante en el programa de Doctorado Directo en Gerencia y Política Educativa de la Universidad de Baja California, Campus Tepic. Con más de veinte años de servicio docente en Educación Telesecundaria, su experiencia laboral diverge con catorce años frente a grupo, cinco años como Asesor Técnico Pedagógico en Supervisión Escolar y cuatro como Director Escolar. En su trayecto académico-laboral siempre ha trabajado con jóvenes adolescentes, padres de familia y profesores frente a grupo. A lo largo de su trayectoria profesional ha impartido pláticas y talleres sobre procesos de integración académica y de relación humana; con profesores de grupo, pero con especial interés, sobre todo, entre padres y jóvenes adolescentes.

José Macario López Balderas JMLB

---

[1] Expresión coloquial que denota la probabilidad de no entrar a clases e irse a otro lugar a vagabundear o irse con la novia o el novio.

[2] Aquí, la palabra idiota la considero bajo las raíces etimológicas que derivan de una actitud carente de razón. De tal forma que "Idiota es una palabra derivada del griego ἰδιώτης, idiōtēs ("persona privada de habilidad profesional", "compatriota", "individuo"), de ἴδιος, idios (privado, uno mismo). Empezó usándose para un ciudadano privado y egoísta que no se ocupaba de los asuntos públicos. En latín, la palabra idiota (una persona normal y corriente) precedió al término del latín tardío que significa «persona sin educación» o «ignorante». Su significado y la forma moderna data de alrededor del año 1300, del francés antiguo idiote (sin educación o persona ignorante). En 1487 la palabra idiotez pudo haber sido el modelo de analogía de las palabras «profeta» y de «la profecía». En la baja Edad Media, el término idiotas e utilizaba para designar a los monjes incapaces de leer las Sagradas Escrituras". Idiotez. (2018, 23 de octubre). *Wikipedia, La enciclopedia libre*. Fecha de consulta: 03:33, octubre 29, 2018 desde https://es.wikipedia.org/w/index.php?title=Idiotez&oldid=111478446.

[3] "**Catarsis y teoría psicoanalítica. Catarsis es la liberación emocional que se produce con el método de asociación libre**. En la teoría psicoanalítica, esta liberación emocional se refiere a la "purgación" de los conflictos **inconscientes**. El método de asociación libre o método catártico fue creado originalmente por **Breuer**, un amigo de **Freud**, pero este último lo desarrolló como parte de su teoría psicoanalítica". Catarsis: el proceso de liberación emocional. Fecha de consulta: 2018, 10 de octubre. Desde https://psicologiaymente.com/psicologia/catarsis-liberacion-emocional

[4] Actualmente, han reconsiderado dicho anglicismo como no propio de la cultura mexicana, sin embargo, sigue existiendo como una manifestación donde, "El **acoso escolar** (también conocido como **hostigamiento escolar**, **matonaje escolar**, **matoneo escolar**, **maltrato escolar** o en inglés *bullying*) es cualquier forma de maltrato psicológico, verbal o físico producido entre escolares de forma reiterada a lo largo de un tiempo determinado tanto en el aula, como a través de las redes sociales, con el nombre específico de ciberacoso. Estadísticamente, el tipo de violencia dominante es el *emocional* y se da mayoritariamente en el aula y patio de los centros escolares. Los protagonistas de los casos de acoso escolar suelen ser niños y niñas en proceso de entrada en la adolescencia, siendo ligeramente mayor el porcentaje de niñas en el perfil de víctimas". Acoso escolar. (2018, 5 de junio). *Wikipedia, La enciclopedia libre*. Fecha de consulta: 02:49, octubre 11, 2018 desde https://es.wikipedia.org/w/index.php?title=Acoso_escolar&oldid=108480181.

[5]
"El término Relaciones de producción aparece por primera vez en textos marxistas, y es constitutivo para la teoría de los modos de producción social. La categorización de cada modo de producción requiere que las relaciones económicas se definan como un tipo de relación social, específicamente: entre los hombres respecto de las cosas, y no de los hombres con las cosas. En el materialismo histórico de Marx, cada formación social específica cuenta con unas determinadas relaciones de producción y, a la vez, un grado especial de desarrollo histórico de las fuerzas productivas materiales. Existen relaciones de producción primitivas, antiguas, feudales, y capitalistas, cada una de ellas correspondiente a la sociedad primitiva, la sociedad antigua, la sociedad feudal y la sociedad capitalista, y cada una de ellas correspondiente a diferentes formas de división social del trabajo y propiedad de los medios de producción". Medios de producción. (2018, 5 de septiembre). *Wikipedia, La enciclopedia libre*. Fecha de consulta: 12:37, octubre 28, 2018 desde https://es.wikipedia.org/w/index.php?title=Medios_de_producci%C3%B3n&oldid=110448573.

[6]
"Karl Heinrich Marx, (en castellano comúnmente traducido como Carlos Marx; Tréveris, Reino

¡Cómo educar a tu hijo adolescente!

de Prusia; 5 de mayo de 1818-Londres, Inglaterra; 14 de marzo de 1883), fue un filósofo, economista, sociólogo, periodista, intelectual y militante comunista prusiano de origen judío. En su vasta e influyente obra abarca diferentes campos del pensamiento en la filosofía, la historia, la ciencia política, la sociología y la economía; aunque no limitó su trabajo solamente a la investigación, pues además incursionó en la práctica del periodismo y la política, proponiendo siempre en su pensamiento una unión entre teoría y práctica. Junto a Friedrich Engels, es el padre del socialismo científico, del comunismo moderno, del marxismo y del materialismo histórico. Sus escritos más conocidos son el Manifiesto del Partido Comunista (en coautoría con Engels), El Capital y El dieciocho Brumario de Luis Bonaparte". Karl Marx. (2018, 27 de octubre). *Wikipedia, La enciclopedia libre*. Fecha de consulta: 12:41, octubre 28, 2018 desde https://es.wikipedia.org/w/index.php?title=Karl_Marx&oldid=111585609.

[7] "¿Cuál es el origen de la palabra adolescente? Su creador fue el psicólogo y educador estadounidense F. Stanley Hall (1846-1924). El término fue introducido en la literatura científica en el año 1904, para referirse al periodo de desarrollo entre la infancia y la etapa adulta. Hall lo utilizó para la obra Adolescense "Its Psychology and its Relations to Physiology, Anthropology, Sociology, Sex, Crime, Religion and Education". Hall consideraba que esta etapa era decisiva para la vida, constituyendo una especie de segundo nacimiento del hombre". Salvador Gonzales. (10 Feb 2017). Consultado el 18 Octubre del 2108. Recuperado de: https://larepublica.pe/politica/1014663-cual-es-el-origen-de-la-palabra-adolescente

[8] "Rebelde sin causa (título original: Rebel Without a Cause) es una película dramática estadounidense de 1955 dirigida por Nicholas Ray y protagonizada por James Dean, Natalie Wood, Sal Mineo, Jim Backus, Ann Doran y Corey Allen. Es una adaptación del libro de 1944 Rebel Without A Cause: The Hypnoanalysis of a Criminal Psychopath (Rebelde sin causa: El hipnoanálisis de un psicópata criminal) del psiquiatra Robert M. Lindner. La película, sin embargo, no hace referencia alguna al libro de Lindner... Jimmy Stark (James Dean), estudiante de instituto, es un chico particularmente difícil: confuso y desorientado, se ve frecuentemente envuelto en peleas y conflictos, a consecuencia de los cuales su familia, en la cual es el hijo único, se ve obligada a un permanente peregrinaje de una ciudad a otra". Rebelde sin causa. (2018, 4 de febrero). *Wikipedia, La enciclopedia libre*. Fecha de consulta: 04:01, octubre 11, 2018 desde https://es.wikipedia.org/w/index.php?title=Rebelde_sin_causa&oldid=105365058.

[9] El término **nini** (*ni estudia, ni trabaja*) es un término considerado por algunos sectores como ofensivo que equivale al acrónimo en inglés **NEET**, para la expresión *not in employment, education or training* (o sea, ni trabaja ni estudia ni recibe formación). El término se introdujo formalmente por primera vez en el Reino Unido en 1999 con la publicación del Informe "Bridging the gap: new opportunities for 16-18 year olds not in education, employment or training" ("Cerrando la brecha: Nuevas oportunidades para jóvenes entre 16-18 años que no estudian ni trabajan ni reciben formación") elaborado por la Unidad de Exclusión Social de ese país. El uso del término se ha extendido en otros países, entre los que se incluyen Japón, China, y Corea del Sur, mientras en los países de habla hispana se utiliza la denominación «**nini**». En el Reino Unido, la clasificación abarca a personas de entre 16 y 18 años (a los 16 años algunos todavía están en la edad de educación obligatoria). En Japón, la clasificación abarca a las personas de entre 15 y 34 años que están desempleados, solteros, no matriculados en la escuela o encargándose de tareas domésticas, y que no están buscando trabajo o recibiendo la formación necesaria para la misión. El grupo NEET no es un conjunto uniforme de individuos sino que está compuesto por personas que pueden ser NEET transitoriamente, mientras prueban diferentes opciones; y por otro lado, por personas que permanecen fuera del mercado laboral, de manera duradera, por diferentes razones (entre otras, discapacidad laboral o dedicación a actividades no mercantiles, como las tareas domésticas). Nini. (2018, 1 de octubre). *Wikipedia, La enciclopedia libre*. Fecha de consulta: 03:53, octubre 11, 2018 desde https://es.wikipedia.org/w/index.php?title=Nini&oldid=110975595.

[10] "Las principales causas de muertes entre los hombres de entre 15 a 29 años de edad son agre-

siones, accidentes de trasporte, causas externas y lesiones autoinfligidas, reportó el Instituto Nacional de Estadística y Geografía (Inegi). En su más reciente trabajo sobre el Día Internacional de la Juventud, reportó que, de acuerdo con las estadísticas de defunciones, en 2015 murieron 34 mil 060 adolescentes y jóvenes de dicho rango de edades, lo que representa 5.2% de las muertes totales. La sobremortalidad masculina es una característica de las defunciones en este segmento de la población. A nivel nacional fallecen 292 hombres por cada 100 mujeres en los rangos de edad mencionados. *Causa de muerte:* Hombres rango de edad 15 a 29 años: a) Agresiones: 25.4 %, b) Accidentes de trasporte: 17.8%, c) Todas las demás causas externas: 10.5% (incluyen, accidentes en trasporte aéreo, ocupante de automóvil y andar en bicicleta por mencionar algunas), d) Lesiones autoinfligidas: 8 %, e) Enfermedades del sistema nervioso: 3.2 %. Mujeres rango de edad de 15 a 29 años: a) Accidentes de trasporte: 10. 7 %, b) Agresiones: 10.3%, c) Lesiones autoinfligidas: 7.4 %, d) Todas las demás causas externas: 5.3%." Édgar Sandoval. ¿De qué mueren los jóvenes en México? Ve datos sobre juventud. (11/08/2017, 16:38). Consultado el 10/Octubre/2018. Recuperado de: https://www.unotv.com/noticias/portal/nacional/detalle/la-muerte-ms-frecuente-entre-hombres-son-las-agresiones-inegi-691951/

[11] Por ejemplo, Doula Nicolson y Harry Ayers, en su libro "Problemas de la adolescencia. Guía práctica para el profesorado y la familia", después de exponer un conjunto de teorías, citando algunos autores y corrientes del pensamiento psicológico y pedagógico en boga, para el tratamiento de la problemática en el adolescente, tienden en última instancia, a dar un conjunto de soluciones prácticas que permitan "controlar" la conducta del adolescente, considerando como anormales a ese conjunto de manifestaciones rebeldes que presenta un adolescentes problemático, en conjunto con los cuadros psicológicos o psiquiátricos exprofeso. Lo que significa que los problemas del adolescente están encauzados a partir del sujeto y no del conglomerado social, tal y como lo apreciara Jung, en el inconsciente colectivo.

[12] "UNICEF apoya a las instituciones gubernamentales y de la sociedad civil para crear condiciones que permitan asegurar una educación incluyente y de calidad para todos los niños, niñas y adolescentes, especialmente los más vulnerables y/o excluidos. En este sentido, UNICEF centra sus esfuerzos en la inclusión educativa; la participación de adolescentes y jóvenes en la educación; el fortalecimiento de la educación intercultural y bilingüe para la niñez y adolescencia indígena; y la preparación en emergencias y manejo de riesgos en las escuelas". Educación. 18 Octubre 2018. Recuperado de: http://www.unicef.org/mexico/spanish/educacion.html

[13] "Es importante acuñar una noción de poder que no haga exclusiva referencia al gubernativo, sino que contenga la multiplicidad de poderes que se ejercen en la esfera social, los cuales se pueden definir como poder social. En La verdad y las formas jurídicas, Foucault es más claro que en otros textos en su definición del poder; habla del subpoder, de "una trama de poder microscópico, capilar", que no es el poder político ni los aparatos de Estado ni el de una clase privilegiada, sino el conjunto de pequeños poderes e instituciones situadas en un nivel más bajo. No existe un poder; en la sociedad se dan múltiples relaciones de autoridad situadas en distintos niveles, apoyándose mutuamente y manifestándose de manera sutil. Uno de los grandes problemas que se debe afrontar ante la idea de revolución es el modo en el que deberían modificarse las dinámicas entre las actuales relaciones de poder. El llamado de atención de Foucault va en sentido de analizarlas a niveles microscópicos"... "El poder se construye y funciona a partir de otros poderes, de los efectos de éstos, independientes del proceso económico. Las relaciones de poder se encuentran estrechamente ligadas a las familiares, sexuales, productivas; íntimamente enlazadas y desempeñando un papel de condicionante y condicionado. En el análisis del fenómeno del poder no se debe partir del centro y descender, sino más bien realizar un análisis ascendente, a partir de los "mecanismos infinitesimales", que poseen su propia historia, técnica y táctica, y observar cómo estos procedimientos han sido colonizados, utilizados, transformados, doblegados por formas de dominación global y mecanismos más generales". Michel Foucault. (2018, 14 de octubre). *Wikipedia, La enciclopedia libre.* Fecha de consulta: 03:50, octubre 29, 2018 desde https://es.wikipedia.org/w/index.php?title=Michel_Foucault&oldid=111266201.

[14] Kant, Immanuel, Sobre Pedagogía. Universidad Nacional de Córdoba. Argentina.

[15] El consumismo inicia su desarrollo y crecimiento a lo largo del Siglo XX como consecuencia directa de la lógica interna del capitalismo y la aparición de la publicidad -herramientas que fomentan el consumo generando nuevas necesidades en el consumidor-. El consumismo se ha desarrollado principalmente en el denominado mundo occidental -extendiéndose después a otras áreas- haciéndose popular el término creado por la antropología social sociedad de consumo, referido al consumo masivo de productos y servicios. Consumismo. (2019, 16 de abril). Wikipedia, La enciclopedia libre. Fecha de consulta: 05:35, mayo 13, 2019 desde https://es.wikipedia.org/w/index.php?title=Consumismo&oldid=115311318.

[16] El arte de amar es un libro escrito por el sociólogo, psicólogo, filósofo y humanista judío alemán Erich Fromm, miembro de la llamada Escuela de Frankfurt. El libro se publicó originalmente en inglés con el título The Art of Loving (1956, ISBN 78-0061129735), y su traducción al español apareció en 1959. En el 2000 la Biblioteca Erich Fromm lanzó una nueva edición publi-

cada por la editora Paidós.

En este libro, Fromm recapitula y complementa los principios teóricos acerca de la naturaleza humana que ya había comenzado a desarrollar en El miedo a la libertad y en Ética y psicoanálisis. Fromm postula que el amor puede ser producto de un estudio teórico puesto que es un arte, "así como es un arte el vivir" y, para el dominio de cualquier arte es imperiosamente necesario que se llegue a un dominio profundo, tanto de la teoría como de la práctica. El libro contiene cuatro

capítulos:
- I. ¿Es el amor un arte?
- II. La teoría del amor
- III. El amor y su desintegración en la sociedad contemporánea
- IV. La práctica del amor

El libro postula principalmente que el amor es la respuesta al problema de la existencia humana, puesto que el desarrollo de éste conlleva a una disolución del estado de separación o separatividad sin perder la propia individualidad. Asimismo estudia la naturaleza del amor en sus diversas formas: amor fraternal, amor de padre y de madre, amor a uno mismo, amor erótico y amor a Dios. El autor postula que los elementos necesarios para el desarrollo de un amor maduro son el cuidado, la responsabilidad, el respeto y el conocimiento. En el capítulo tres Fromm realiza un análisis del amor y su significado en la sociedad actual, con base en el cual llega a la conclusión de que el modo capitalista de producción tiende a enajenar al hombre y a imposibilitarlo -al menos socialmente- para amar. Fromm, Erich (1956). El arte de amar. Paidós. El arte de amar (Fromm). (2019, 22 de agosto). *Wikipedia, La enciclopedia libre*. Fecha de consulta: 05:25, agosto 27, 2019 desde https://es.wikipedia.org/index.php?

title=El_arte_de_amar_(Fromm)&oldid=118431122.

Made in the USA
Columbia, SC
09 September 2019